如果把语言看成是一面镜子，那它倒映出来的应是人的灵魂。

——王力

平平仄仄平平仄

王力 著

天地出版社 | TIANDI PRESS

图书在版编目（CIP）数据

平平仄仄平平仄/王力著. 一成都：天地出版社, 2019.10
ISBN 978-7-5455-4966-9

Ⅰ.①平… Ⅱ.①王… Ⅲ.①汉语－语言学－文
集 ②散文集－中国－当代 Ⅳ.①H1-53 ②I267

中国版本图书馆CIP数据核字（2019）第108527号

PING PING ZE ZE PING PING ZE

平平仄仄平平仄

出品人	杨　政
作　者	王　力
责任编辑	杨永龙　沈海霞
封面设计	所以设计馆
内文排版	书虫图文
责任印制	葛红梅

出版发行　天地出版社
　　　　　（成都市槐树街2号　邮政编码：610014）
　　　　　（北京市方庄芳群园3区3号　邮政编码：100078）
网　　址　http://www.tiandiph.com
电子邮箱　tianditg@163.com
经　　销　新华文轩出版传媒股份有限公司

印　　刷　北京文昌阁彩色印刷有限责任公司
版　　次　2019年10月第1版
印　　次　2019年10月第1次印刷
开　　本　787mm×1092mm　1/32
印　　张　13
字　　数　254千字
定　　价　68.00元
书　　号　ISBN 978-7-5455-4966-9

涉江采芙蓉

无名氏

涉江采芙蓉，兰泽多芳草。
采之欲遗谁，所思在远道。
还顾望旧乡，长路漫浩浩。
同心而离居，忧伤以终老！

绝句二首（录一）

杜　甫

迟日江山丽，春风花草香。

泥融飞燕子，沙暖睡鸳鸯。

艳女词

梁　锽

露井桃花发，双双燕并飞。
美人姿态里，春色上罗衣。
自爱频开镜，时羞欲掩扉。
不知行路客，遥惹五香归。

怀嵩楼新开南轩与郡僚小饮

欧阳修

绕郭云烟匝几重，昔人曾此感怀嵩。

霜林落后山争出，野菊开时酒正浓。

解带西风飘画角，倚栏斜日照青松。

会须乘醉携嘉客，踏雪来看群玉峰。

古　意

沈佺期

卢家少妇郁金香，海燕双栖玳瑁梁。

九月寒砧催木叶，十年征戍忆辽阳。

白狼河北音书断，丹凤城南秋夜长。

谁为含愁独不见，更教明月照流黄。

遣悲怀（其一）

元　稹

谢公最小偏怜女，自嫁黔娄百事乖。
顾我无衣搜荩箧，泥他沽酒拔金钗。
野蔬充膳甘长藿，落叶添薪仰古槐。
今日俸钱过十万，与君营奠复营斋。

江亭晚眺

王安石

日下崦嵫外，　秋生沉砀闲。
清江无限好，　白鸟不胜闲。
雨过云收岭，　天空月上湾。
归鞍侵调角，　回首六朝山。

长相思（其一）

李 白

美人在时花满堂，美人去后空余床。
床中绣被卷不寝，至今三载犹闻香。
香亦竟不灭，人亦竟不来。
相思黄叶落，白露点青苔。

鹊踏枝

冯延巳

谁道闲情抛掷久？每到春来，惆怅还依旧。
旧日花前常病酒，敢辞镜里朱颜瘦！

河畔青芜堤上柳。为问新愁，何事年年有？
独立小楼风满袖，平林新月人归后。

目录

i

一辑

诗词常识

平平仄仄平平仄，
仄仄平平仄仄平。

关于诗词格律的一些概念

一、韵语的起源及其流变

诗歌起源之早，是出于一般人想象之外的。有些人以为先有散文，后有韵文。这是最靠不住的说法。因为人类创造了文字之后，文化的发展已经达到了相当的程度，当然韵文和散文可以同时产生。韵文以韵语为基础，而韵语的产生远在文字的产生之前，这是毫无疑义的。相传尧帝的时候有一首《康衢歌》：

> 立我蒸民，莫匪尔极；
>
> 不识不知，顺帝之则。

（《列子·仲尼篇》）

又有一首《击壤歌》：

> 日出而作，日入而息；
>
> 凿井而饮，耕田而食。
>
> 帝力何有于我哉？

（《帝王世纪》）

我们当然不相信这两首诗是尧时的民歌。前者是凑合《诗经·周颂·思文》的两句和《大雅·皇矣》的两句而成的，且不要管它。后者的风格似乎也在战国以后；不过，它也不会太晚，因为它用的韵是古韵之部字，以"息、食、哉"为韵，这种古韵决不是汉以后的人所能伪造的。依我们的猜想，它也许是战国极乱的时代，仰慕唐虞盛世的人所假托的。同样假托的诗还有一首《南风歌》，相传为帝舜所作：

> 南风之薰兮，
>
> 可以解吾民之愠兮；
>
> 南风之时兮，
>
> 可以阜吾民之财兮。

（《圣证论》引《尸子》，又《家语》）

我们不必因为它的出典不古，就怀疑到它的本身不古；这种诗歌很可能是口口相传下来的。试看它以"时、财"为韵，这种古韵也决不是汉以后的人所能伪造的。（伪造古韵最难，因为直至明末陈第以前，并没有人意识到古今音韵的不同。）总之，尧舜时代虽不一定能有这种风格的诗，却一定已经有了诗歌的存在，假使这尧舜时代本身存在的话。

至于韵语，它在上古时代的发达，更是后代所不及的。这里所谓韵语，除了诗歌之外，还包括格言、俗谚，及一切有韵的文章。譬如后代的汤头歌诀和六言告示，它们是韵语，却不是诗歌。古人著理论的书，有全部用韵语的，例如《老子》。有部分用韵语的，如《荀子》《庄子》《列子》《文子》《吕氏春秋》《淮南子》《法言》等。文告和卜易铭刻等，也掺杂着韵语，例如《尚书》《易经》和周代的金石文字。许多"嘉言"，是借着有韵而留传下来的，例如《孟子·滕文公上》所引放勋（尧）的话：

劳之，来之，

匡之，直之，

辅之，翼之，

使自得之；

又从而振德之。

"来、直、翼、得、德"是押韵的。至于格言、俗谚之类，就更以有韵为常了，例如：

畏首畏尾，

身其余几！

（《左传·文公十七年》）

又如：

虽有智慧，

不如乘势；

虽有镃基，

不如待时。

（《孟子·公孙丑上》）

兵法如《三略》《六韬》，医书如《灵枢》《素问》，都有大部分的韵语。这些书虽不是先秦的书，至少是模仿先秦的风格而作的，于此可见韵语在上古是怎样的占优势了。

诗歌及其他韵文的用韵标准，大约可分为三个时期，如下：

唐以前为第一期。在此时期中，完全依照口语而押韵。

唐以后，至五四运动以前为第二期。在此时期中，除了词曲及俗文学之外，韵文的押韵，必须依照韵书，不能专以口语为标准。

五四运动以后为第三期。在此时期中，除了旧体诗之外，又回到第一期的风气，完全以口语为标准。

现在先说第一期。所谓完全依照口语来押韵，自然是以当时的口语为标准。古今语音的不同，是清代以后的音韵学家所公认的。所以咱们读上古的诗歌的时候，必须先假定每字的古音是什么，然后念起来才觉得韵脚的谐和。例如：

> 蒹葭采采，
>
> 白露未已；
>
> 所谓伊人，在水之涘。
>
> 溯洄从之，道阻且右；
>
> 溯游从之，宛在水中沚。

（《诗·秦风》）

咱们假定"采"字念 ts'ə，"已"字念 dǐə，"涘"字念

dʒʻə，"右"字念ɤǐwə，"祉"字念tɕiə，然后这首诗才念得和谐。当然，您也可以假定这五个字的古音是tsʻai，diai，dʒʻiai，ɤiai，tiai，或别的读音，总之，这些字在上古的主要元音一定相同（至少是相近），如果照今天的语音念起来．那简直是没有韵脚的诗了。

汉代用韵较宽。这有两个可能的原因：第一是押韵只求近似，并不求其十分谐和；第二是偶然模仿古韵，以致古代可押的也押，当代口语可押的也押，韵自然宽了。到了六朝，用韵又渐渐趋向于严。这是时代的风气，和实际口语韵部的多少是没有关系的。

现在说到第二期。六朝时代，李登《声类》、吕静《韵集》、夏侯该《韵略》一类的书，虽然想作为押韵的标准，但因为是私家的著作，没法子强人以必从。隋陆法言的《切韵》，假使没有唐代的科举来抬举它，也会遭遇《声类》等书同一的命运。后来《切韵》改称《唐韵》，可说是变成了官书，它已经成为押韵的标准，尤其是近体诗押韵的标准。《唐韵》共有二百零六个韵，但是，唐朝规定有些韵可以同用，凡同用的两个或三个韵，做诗的人就把它们当作一个韵看待，所以实际上只有一百一十二个韵。到了宋朝，《唐韵》改称《广韵》，其中文韵和欣韵、吻韵和隐韵、问韵和焮韵、物韵和迄韵，都同用了，实际上剩了一百零八个韵。到了元末，索性泯灭了二百零六韵的痕迹，把同用的韵都合并起来，又毫无理由地合并了迥韵和拯韵、径韵和证韵，于是只剩了一百零六个韵。这一百零六个韵就是普通所谓"诗韵"，一直沿用至今。

唐朝初年（所谓初唐），诗人用韵还是和六朝一样，并没有以韵书为标准。大约从开元、天宝以后，用韵才完全依照了韵书。何以见得呢？譬如《唐韵》里的支、脂、之三个韵虽然注明"同用"，但是初唐的实际语音显然是脂和之相混，而支韵还有相当的独立性，所以初唐的诗往往是脂、之同用，而支独用（盛唐的杜甫犹然）。又如江韵，在陈隋时代的实际语音是和阳韵相混了，所以陈隋的诗人有以江、阳同押的；到了盛唐以后，反倒严格起来，江、阳绝对不能相混，这显然是受了韵书的拘束。其他像元韵和先、仙，山韵和先、仙，在六朝是相通的，开元、天宝以后的近体诗也不许相通了。这一切都表示唐以后的诗歌用韵不复是纯任天然，而是以韵书为准绳。虽然有人反抗过这种拘束，终于敌不过科举功令的势力。

词曲因为不受科举的拘束，所以用韵另以口语为标准。词是所谓诗余，曲又有人称为词余。本书所讲的诗律指的是广义的诗，所以对于词律和曲律也将同样地讨论到。

末了说到第三期。新诗要求解放，当然首先摆脱了韵书的拘束。但是，这上头却引起了方音的问题。从前依据韵书，获得了一个武断的标准，倒也罢了。现在用韵既然以口语为标准，而汉语方音又这样复杂，到底该以什么地方的语音为标准呢？在今天，我们肯定了普通话以北京语音为标准音，但是在当时并没有这个规定。

遇到作者不是北方人的时候，他的诗常常不知不觉地用了一些方音来押韵，我们用北京音去读就不免有些不大谐和的地方，例如真韵和庚韵，依照西南官话和吴方言，是可以同用的，若依北方话就不大谐和。屋韵和铎韵、歌韵和模韵，依照大部分的吴语是可以通用的，若依北方话也不谐和。

由此看来，除非写方言的白话诗，否则还应该以一种新的诗韵为标准。这种新诗韵和旧诗韵的性质并不相同：旧的诗韵是武断的（最初也许武断性很小，宋以后就大大地违反口语了），新的诗韵是以现代的北京实际语音为标准的。这样，才不至于弄成四不像的韵语。

二、平仄和对仗

平仄和对仗，是近体诗中最讲究的两件事；古体诗中，也不能完全不讲究它们。新诗虽然是一切都解放了，但是，就汉语来说，有了字音就不可能没有平仄，单音词多了也很容易形成整齐的对仗。新诗虽然不受它们的约束，却也还有许多诗人灵活地运用它们。因此，在未谈诗律以前，先谈一谈什么叫作平仄和对仗，也不是没有用处的。

平仄是一种声调的关系。相传沈约最初发现在汉语里共有四个声调，就是平声、上声、去声和入声。又相传"仄声"这个名称也是沈约起的。有人说，"仄"就是"侧"，"侧"就是不平。仄声和平声相对立，换句话说，仄声就是上、去、入三声的总名。依近体诗的规矩，是以每两个字为一个节奏，平仄递用。假定一句诗的第一第二字是平声，那么，第三第四字就应该都是仄声；如果第一第二字都是仄声，第三第四字就应该都是平声。

现在咱们要讨论的，有两个问题：第一，为什么上、去、入三声合成一类（仄声），而平声自成一类？第二，为什么平仄递用可以构成诗的节奏？

关于第一个问题，咱们应该先知道声调的性质。声调自然是以音高（pitch）为主要的特征，但是长短和升降也有关系。依中古声调的情形看来，上古的声调大约只有两大类，就是平声和入声。中古的上声最大部分是平声变来的，极小部分是入声变来的；中古的去声大部分是入声变来的，小部分是平声变来的（或者是由平声经过了上声再转到去声）。等到平、入两声演化为平、上、去、入四声这个过程完成了的时候，依我们的设想，平声是长的，不升不降的；上、去、入三声都是短的，或升或降。这样，自然地分为平仄两类了。"平"字指的是不升不降，"仄"字指的是不平（如山路之险仄），也就是或升或降。（"上"字应该指的是升，"去"字应该指的是降，"入"字应该指的是特别短促。古人以为"平、上、去、入"只是代表字，没有意义，现在想来恐不尽然。）如果我们的设想不错，平仄递用也就是长短递用，平调与升降调或促调递用。

关于第二个问题，和长短递用是有密切关系的。英语的诗有所谓轻重律和重轻律。英语是以轻重音为要素的语言，自然以轻重递用为诗的节奏。如果像希腊语和拉丁语，以长短音为要素的，诗歌就不讲究轻重律或重轻律，反而讲究短长律或长短律了。（希腊人称一短一长律为iambus，一长一短律为trochee，二短一长律为anapest，一长二短律为dactyl，英国人借用这四个术语来称呼轻重律和重轻律，这是不大合理的。）由此看来，汉语近体诗中的"仄仄平平"乃是一种短长律，"平平仄仄"乃是一种长短律。汉语诗律和西洋诗律当然不能尽同，但是它们的节奏的原则是一样的。

五言古诗虽然不很讲究平仄，但五平调或四平调仍是尽可能地避免的，否则就嫌单调了。五仄调或四仄调比较常见，因为仄声还有上、去、入的分别，它们或升，或降，或特别短促，就不十分单调。

近体诗喜欢用平声做韵脚，因为平声是一个长音，便于曼声歌唱的缘故。这恰像英诗里轻重律多于重轻律，希腊、拉丁诗里短长律多于长短律。在英诗或希腊、拉丁诗里，有些诗虽然本来是用重轻律或长短律的，也喜欢用重音或长音收尾，叫作不完全律（catalectic），大约也是使它较便于曼声歌唱的缘故。

跟着历史的变迁，近代的声调的实际音高也不能和中古相同，所以人民口头创作只能依据实际语音，不能再沿用中古的平仄。现代新诗如果要运用平仄，自然也只能以现代的实际语音为标准，例如北京语音里没有入声，平声分为阴阳两类，又有一种轻声，是否仍应该另行发现节奏的规律，这却是现代诗人所应研究的了。

对仗，大致说起来，就是语言的排偶或骈俪。"仗"字的意义是从仪仗来的；仪仗两两相对，所以两两相对的语句叫作对仗。对仗既是排偶的一种，让我们先谈排偶。自从有了语言，也就有了排偶，因为人事和物情有许多是天然相配的。古今中外，都有许多排偶的语言，例如下面所引的英文诗：

One shade the more, one ray the less,

…

The smiles that win, the tints that glow.

——拜　伦（Byron）

My boat is on the shore,

And my bark is on the sea.

——拜　伦（Byron）

Some had shoes, but all had rifles.

——亨　里（Henley）

但是，汉语的排偶却有一种特性：因为汉语是单音语，所以排比起来可以弄得非常整齐，一音对一音，不多不少。有了这种特性，汉语的骈语就非常发达。无论韵文或散文，都有无数的例子，例如：

就其深矣，方之舟之；

就其浅矣，泳之游之。（《诗·邶风》）

谁谓尔无羊，三百维群；

谁谓尔无牛，九十其犉。（《诗·小雅·无羊》）

用之则行，舍之则藏。（《论语·述而》）

食不厌精，脍不厌细。（《论语·乡党》）

这可以称为不避同字的骈语，古书中不胜枚举。其后渐渐倾向于避同字，尤其是近体诗的对仗必须避同字。不过，避同字的骈语在上古也不乏其例，例如：

喓喓草虫，趯趯阜螽。（《诗·召南》）

觏闵既多，受侮不少。（《诗·邶风》）

青青子衿，悠悠我心。（《诗·郑风》）

南山崔崔，雄狐绥绥。（《诗·齐风》）

在其板屋，乱我心曲。（《诗·秦风》）

乘肥马，衣轻裘。（《论语·雍也》）

草木畅茂，禽兽繁殖。（《孟子·滕文公上》）

上食槁壤，下饮黄泉。（《孟子·滕文公下》）

到了六朝，骈俪的风气更盛。赋和骈体文，是避同字的骈语和不避同字的骈语同时并用的。但当其不避同字的时候，只能限于"之、而、以、于"一类的虚字了，例如：

遵四时以叹逝，瞻万物而思纷；悲落叶于劲秋，喜柔条于芳春；心懔懔以怀霜，志眇眇而临云；咏世德之骏烈，诵先人之清芬。（陆机《文赋》）

夫百节成体，共资荣卫；万趣会文，不离辞情。（刘勰《文心雕龙·镕裁篇》）

汉魏六朝的古诗，也像赋和骈体文一样，有时避同字，有时不避同字，例如：

齐心同所愿，含意俱未伸。（《古诗十九首》）

去者日以疏，来者日以亲。（同上）

昔为鸳与鸯，今为参与商。（苏子卿诗）

长裾连理带，广袖合欢襦。（辛延年《羽林郎》）

君若清路尘，妾若浊水泥。（曹植诗）

著论准《过秦》，作赋拟《子虚》。（左思《咏史》）

孤鸿号外野，朔鸟鸣北林。（阮籍《咏怀》）

唐以后的古体诗，自然都依照这个规矩。但是，近体诗里的对仗，却和古体诗里的骈语颇有不同。

近体诗的对仗之所以不同于普通的骈语，因为它有两个特点：第一，它一定要避同字，不能再像"去者日以疏，来者日以亲"；第二，它一定要讲究平仄相对（平对仄、仄对平），不能再像"著论准《过秦》，作赋拟《子虚》"，例如：

　　共载皆妻子，同游即弟兄。（白居易《江州赴忠州至江陵已来舟中示舍弟五十韵》）

　　门前巷陌三条近，墙内池亭万境闲。（刘禹锡《题王郎中宣义里新居》）

对仗有宽对和工对的分别：宽对只要以名词对名词、动词对动词、形容词对形容词，就成；工对必须把事物分为若干种类，只用同类的词相对。

讲到近体诗的对仗，我们应该顺带谈一谈对联（普通所谓对子）。对联其实就是来自近体诗的对仗，不过对联更趋向于工对。再者，对联的节奏也有更多的变化，字数也可任意延长，也可偶然不避同字，例如前人集王羲之《兰亭序》字的对联：

丝竹放怀春未暮；

清和为气日初长。

静坐不虚兰室趣；

清游自带竹林风。

以上是依照近体诗的节奏的。

得趣—在—形骸—以外；

娱怀—于—天地—之初。

寄兴—在—山亭—水曲；

怀人—于—日暮—春初。

清气—若兰，—虚怀—当竹；

乐情—在水，—静趣—同山。

以上是超出近体诗节奏之外的。

又相传有妇人挽其夫云：

二十年贫病交加，纵我留君生亦苦；

七千里翁姑待葬，因君累我死犹难。

上半"年、里"二字顿，"病、姑"二字顿，超出近体诗节奏之外，下半完全依照近体诗的节奏。

又如韦苏州祠联：

> 唐史传偏遗，合循吏儒林，读书不碍中年晚；
> 苏州官似谥，本清才明德，卧理能教末俗移。

上半和下半都完全依照近体诗的节奏，只有中半"吏、才"二字顿，超出了近体诗的节奏之外。

前面所讲的韵语，是人类诗歌的共性；这里所讲的平仄和对仗，是汉语诗歌的特性。再看了下面所讲诗句的字数，对于汉语的诗律，可以得到一个轮廓了。

三、诗句的字数

汉语每字只有一个音节，所以汉语诗句的字数也就是诗句的音数。在西洋，诗句的音数极为人们所重视：英诗每句普通是八个音或十个音，法诗每句往往多至十二个音。严格地说，西洋诗里不该论句，只该论行，因为每句不一定只占一行（句未完而另起一行者，叫作跨行enjambement），每行也不一定只容一句。每行的末一个音节才押韵，所以西洋诗论句是没有意义的。汉语的诗押韵总在句末，没有跨行；虽然也有合两句意义始足的例子，但依汉人的心理，仍然可以当作两句看待，所以汉语的诗是可以论句的。

依普通的说法，汉语的诗是由四言、五言而演变至于七言。虽然汉语诗句的字数有少至二言，多至十一言的，不过，少于四言或多于七言的句子只是偶然插入于四言诗、五言诗或七言诗中，并不能全篇一律用二言或三言、九言或十一言。全篇用三言的诗歌，只有汉代的歌谣，如郊祀歌等，例如《汉书》里的《天马歌》：

> 太一贶，天马下。
>
> 沾赤汗，沫流赭。
>
> 志俶傥，精权奇。
>
> 籋浮云，晻上驰。
>
> 体容与，迣万里。
>
> 今安匹，龙为友。

但是，如果我们不把帮助语气的虚字计算在内，《诗经》里头还可以找得出一篇三言诗的例子：

月出皎兮；

佼人僚兮。

舒窈纠兮，

劳心悄兮！

月出皓兮；

佼人懰兮，

舒忧受兮，

劳心慅兮！

月出照兮；

佼人燎兮，

舒夭绍兮，

劳心惨（懆）兮！

（《陈风》）

至于四言诗里掺杂着二言、三言的，《诗经》里可就多了，例如：

鱼丽于罶，

鲿鲨；

君子有酒，

旨且多。

（《小雅·鱼丽》）

冬之夜，夏之日；

百岁之后，归于其室。

（《唐风·葛生》）

墙有茨，不可埽也；

中冓之言，不可道也。

所可道也，言之丑也。

（《鄘风·墙有茨》）

祈父，亶不聪；

胡转予于恤，有母之尸饔。

（《小雅·祈父》）

椒聊之实，蕃衍盈升；

彼其之子，硕大无朋。

椒聊且,

远条且!

（《唐风·椒聊》）

《诗经》以四言为主，但是有些地方已经掺杂着五言、六言和七言，例如：

扬之水，不流束薪；

彼其之子，不与我戍申。

怀哉，怀哉，

曷月予还归哉！

（《王风·扬之水》）

哀哉为犹，匪先民是程，

匪大犹是经；

维迩言是听，

维迩言是争。

如彼筑室于道谋，是用不溃于成。

（《小雅·小旻》）

在《楚辞》中，我们看见了许多五言、六言和七言（八言以上的都可以分为两句读）；如果"兮"字不算，则五言可认为四言，六言可认为五言，七言可认为六言，八言可认为七言。我们不能说《楚辞》就是五言诗和七言诗的开始：第一，因为有这"兮"字的难题；第二，因为大多数的诗篇都未能全篇一律，如七言中杂有五言，八言中杂有六言，等等。

一般人以为五言诗始于李陵《与苏武诗》，换句话说，就是始于西汉。《古诗十九首》，有人说是枚乘所作，也是始于西汉。但是又有人疑心李陵的诗是伪托，《古诗十九首》也不是枚乘所作。这样，真正全篇五言的五言诗也许是出于东汉，大约在公元1世纪至2世纪之间。

至于七言诗，也有人说是始于西汉。相传《柏梁诗》是汉武帝和群臣联句，原文是：

日月星辰和四时。骖驾四马从梁来。

郡国士马羽林材。总领天下诚难治。

和抚四夷不易哉！刀笔之吏臣执之。

撞钟伐鼓声中诗。宗室广大日益滋。

周卫交戟禁不时。总领从宗柏梁台。

平理请谳决嫌疑。修饰舆马待驾来。

郡国吏功差次之。乘舆御物主治之。

陈粟万石扬以箕。徼道宫下随讨治。

三辅盗贼天下危。盗阻南山为民灾。

外家公主不可治。椒房率更领其材。

蛮夷朝贺常舍其。柱枅欂栌相枝持。

枇杷橘栗桃李梅。走狗逐兔张罘罳。

啮妃女唇甘如饴。迫窘诘屈几穷哉！

　　这诗也有人疑心是伪作。但从押韵上说，之、咍同部，正是先秦古韵，可见这即使不出于武帝时代，也不会相差太远。其中只有一个"危"字出韵；"危"字在先秦是支部或脂部字。这适足以证明支、脂、之三部在汉代的音值已渐渐接近，可以勉强同用了。此外，汉代的七言诗还有一些例子：

秋素景兮泛洪波，

挥纤手兮折芰荷；

凉风凄凄扬棹歌，

云光开曙月低河，

万岁为乐岂云多！

（汉昭帝《淋池歌》）

天长地久岁不留，俟河之清只怀忧。

愿得远渡以自娱，上下无常穷六区。

超逾腾跃绝世俗，飘遥神举逞所欲。

天不可阶仙夫稀，柏舟悄悄丞不飞。

松乔高跱孰能离，结精远游使心携。

回志揭来从玄谋，获我所求复何思！

（张衡《思玄赋·系辞》）

近世双笛从羌起，羌人伐竹未及已。

龙鸣水中不见己，截竹吹之声相似。

剡其上孔通洞之，裁以当簻便易持。

易京君明识音律，故本四孔加以一。

君明所加孔后出，是谓商声五音毕。

（马融《长笛赋·赞词》）

这几篇诗也很合于古韵：除"娱、区、离、携"可认为汉韵外（"娱"属古韵鱼部，"区"属古韵侯部，"离"字属歌部，"携"字属支部），其余都是和先秦韵部相符的（"稀、飞"属微部，"谋、思"属之部，"稀、飞、离、携、谋、思"应认为转韵，不可认为通韵；"起、已、己、似、之、持"属之部，"律、出"属物部，"一、毕"属质部）。歌、微通韵，在《楚辞》中已是常见，可见这两篇诗一定不是伪作。

由此看来，七言诗的起源，似乎比五言诗更早，至少是和五言诗同时，这是颇可怪的一件事。其实这上头有一个很重要的问题，是必须分辨清楚的。原来韵文的要素不在于句，而在于韵。有了韵脚，韵文的节奏就算有了一个安顿；没有韵脚，虽然成句，诗的节奏还是没有完。依照这个说法，咱们研究诗句的时候，应该以有韵脚的地方为一句的终结，若依西洋诗式，就是一行的终结（在本书里，我们录引诗歌的时候，就以此为分行的标准；唯在六十字以上的长篇，则两句或数句一行，以省篇幅）。那么，像《古诗十九首》隔句为韵，就等于以十个字为一句（诗句），例如：

涉江采芙蓉，兰泽多芳草。

采之欲遗谁，所思在远道。

还顾望旧乡，长路漫浩浩。

同心而离居，忧伤以终老！

汉代的七言诗句句为韵，就只有七个字一句，比隔句为韵的五言诗反倒显得短了。这种七言诗即使出于五言诗以前，也毫不足怪。事实上，从《柏梁诗》直到魏文帝的《燕歌行》，都是句句为韵的，例如：

秋风萧瑟天气凉，草木摇落露为霜，
群燕辞归雁南翔；念君客游思断肠，
慊慊思归恋故乡。何为淹留寄他方？
贱妾茕茕守空房，忧来思君不敢忘，
不觉泪下沾衣裳。援琴鸣弦发清商，
短歌微吟不能长。明月皎皎照我床，
星汉西流夜未央，牵牛织女遥相望；
尔独何辜限河梁！

（魏文帝《燕歌行》）

依现存史料观察，直到鲍照，才有隔句为韵的七言诗，例如：

奉君金卮之美酒，瑇瑁玉匣之雕琴，
七彩芙蓉之羽帐，九华蒲萄之锦衾；
红颜零落岁将暮，寒光宛转时欲沉。

愿君裁悲且减思，听我抵节行路吟；

不见柏梁铜雀上，宁闻古时清吹音！

（鲍照《拟行路难》）

由此看来，真正的七言诗（如唐代七言诗的常体）是起于南北朝，约在公元5世纪。

西洋诗普通是每行八个音至十二个音，汉语的诗每句是四言至七言，比较起来，似乎西洋诗的气比汉语诗的气长些。实际上恰恰相反：若依一韵为一行的说法，隔句为韵的汉语诗，四言即等于八个音一行，五言即等于十个音一行，七言即等于十四个音一行，七言诗的气比西洋十二音诗（亚历山大式）的气还要长些呢。

末了，我们要谈一谈谈杂言诗，也就是长短句。无论汉语诗或西洋诗，每句或每行音数相等者总算是正体，音数不相等者（长短句）总算是变体。但是汉语诗的长短句来源很早，《诗经》里就有了。例如上面所举的《鱼丽》《葛生》《墙有茨》《祈父》《椒聊》《扬之水》《小旻》等篇都是，此外又如：

式微，式微，

胡不归？

微君之故，

胡为乎中露？

（《邶风》）

唐以后的杂言诗大致可分为两种：一种是在七言诗中偶然掺杂着少数的五言或三言；另一种是在七言诗中随意运用三言、四言、五言、六言，甚至于少到二言，多到八言、九言、十一言，极错综变化之妙，颇可称为有韵的散文。有一点应该注意的，就是在许多分类的诗集中，并没有杂言这一个项目；像上面所述的两种杂言诗也一律都称为七言。

以上所说算是导言；下文将是本论。本论将分为四章，分别叙述近体诗、古体诗、词、曲。

近体诗

一、律　诗

近体诗又名今体诗，它是和古体诗对立的。唐代以后，大约因为科举的关系，诗的形式逐渐趋于划一，对于平仄、对仗和诗篇的字数，都有很严格的规定。这种依照严格的规律来写出的诗，是唐以前所未有的，所以后世叫作近体诗。近体诗可以大致分为三种：律诗、排律、绝句。现在我们分别加以叙述。本节先谈律诗。

律诗的意义就是依照一定的格律来写成的诗。律诗的格律最主要的有两点：尽量使句中的平仄相间，并使上句的平仄和下句的平仄相对（即相反）；尽量多用对仗，除首两句和末两句外，总以对仗为原则。依照这两个要点看来，齐梁的诗已经渐渐和律诗接近了，例如：

奉和山池　　庚　信

乐官多暇豫，望苑暂回舆。

鸣笳陵绝浪，飞盖历通渠。

桂亭花未落，桐门叶半疏。

荷风惊浴鸟，桥影聚行鱼。

日落含山气，云归带雨余。

若把第二、三、四行中的任何一行删去，就很像初唐的一首五言律诗了。律诗分为五言律诗和七言律诗两种，现在分述如下：

五言律诗除了平仄和对仗的规律之外，还有两个规律：

1. 每句五个字，每首八句，全首共四十个字。

2. 第一、三、五、七句不入韵，第二、四、六、八句入韵，这是正例；但首句亦有入韵者，这是变例（这正变之分是从唐人五言律诗统计出来的，以多见者为正，少见者为变）。

下面试举几个实例来看：

（一）首句不入韵者

游少林寺　　沈佺期

长歌游宝地，徙倚对珠林。

雁塔风霜古，龙池岁月深。

绀园澄夕霁，碧殿下秋阴。

归路烟霞晚，山蝉处处吟。

狱中咏蝉　　骆宾王

西陆蝉声唱，南冠客思侵。

那堪玄鬓影，来对白头吟。

露重飞难进，风多响易沉。

无人信高洁，谁为表予心！

正月十五夜　　苏味道

火树银花合，星桥铁锁开。

暗尘随马去，明月逐人来。

游妓皆秾李，行歌尽落梅。

金吾不禁夜，玉漏莫相催。

侍宴长宁公主东庄应制　　李峤

别业临青甸，鸣銮降紫霄。

长筵鹓鹭集，仙管凤凰调。

树接南山近，烟含北渚遥。

承恩咸已醉，恋赏未还镳。

夏日过郑七山斋　　杜审言

共有尊中好，言寻谷口来。

薜萝山径入，荷芰水亭开。

日气含残雨，云阴送晚雷，

洛阳钟鼓至，车马系迟回。

（二）首句入韵者

从军行　　杨　炯

烽火照西京，

心中自不平。

牙璋辞凤阙，铁骑绕龙城。

雪暗凋旗画，风多杂鼓声。

宁为百夫长，胜作一书生。

月夜忆舍弟　　杜　甫

戍鼓断人行，

秋边一雁声。

露从今夜白，月是故乡明。

有弟皆分散，无家问死生。

寄书长不达，况乃未休兵！

七言律诗除了平仄和对仗的规律之外，也还有两个规律：

1. 每句七个字，每首八句，全首共五十六个字。

2. 第一、二、四、六、八句入韵，第三、五、七句不入韵，这是正例；但首句亦有不用韵者，这是变例。

下面试举几个实例来看：

（一）首句入韵者

古　意　　沈佺期

卢家少妇郁金香，

海燕双栖玳瑁梁。

九月寒砧催木叶，十年征戍忆辽阳。

白狼河北音书断，丹凤城南秋夜长。

谁为含愁独不见，更教明月照流黄。

奉和春日幸望春宫应制　　苏颋

东望望春春可怜，

更逢晴日柳含烟。

官中下见南山尽，城上平临北斗悬。

细草偏承回辇处，飞花故落舞筵前。

宸游对此欢无极，鸟哢歌声杂管弦。

万岁楼　　储光羲

江上巍巍万岁楼，

不知经历几千秋。

年年喜见山长在，日日悲看水独流。

猿狄何曾离暮岭，鸬鹚空自泛寒洲。

谁堪登望云烟里，向晚茫茫作旅愁。

送韩十四江东觐省　　杜甫

兵戈不见老莱衣，

叹息人间万事非。

我已无家寻弟妹，君家何处访庭闱。

黄牛峡静滩声转，白马江寒树影稀。

此别应须各努力，故乡犹恐未同归。

（二）首句不入韵者

敕借岐王九成宫避暑应教　　王　维

帝子远辞丹凤阙，天书遥借翠微宫。

隔窗云雾生衣上，卷幔山泉入镜中。

林下水声喧语笑，岩间树色隐房栊。

仙家未必能胜此，何事吹箫向碧空？

阁　夜　　杜　甫

岁莫阴阳催短景，天涯霜雪霁寒宵。

五更鼓角声悲壮，三峡星河影动摇。

野哭千家闻战伐，夷歌几处起渔樵。

卧龙跃马终黄土，人事音书漫寂寥。

　　五言律诗首句，和七言律诗首句恰恰相反：前者以不入韵为常，后者以入韵为常。但是，这两种相反的情形都各有其背景：五言诗自古是隔句为韵的，譬如《古诗十九首》的首句就都不入韵；七言诗在古代却是句句为韵的，唐人普通的七言诗虽已演变为隔句用韵，但是首句仍沿着古代入韵的遗规。依我们的大致的观察，五言的变例要比七言的变例多些（五律首句入韵者比七律首句不入韵者多些）。

　　五律和七律中，都偶然有一种三韵小律。三韵就是六句

（首句就是入韵也不计）。这样，五言小律就只有三十个字，七言小律就只有四十二个字，例如：

李员外寄纸笔　　韩　愈

题是临池后，分从起草余。

兔尖针莫并，茧静雪难如。

莫怪殷勤谢，虞卿正著书。

送羽林陶将军　　李　白

将军出使拥楼船，江上旌旗拂紫烟。

万里横戈探虎穴，三杯拔剑舞龙泉。

莫道词人无胆气，临行将赠绕朝鞭。

五律和七律之外，偶然又有些六言律诗，每首四十八个字，例如：

送万巨　　卢　纶

把酒留君听琴，

谁堪岁暮离心？

霜叶无风自落，秋云不雨空阴。

人愁荒村路细，马怯寒溪水深。

望尽青山独立，更知何处相寻！

五、七言三韵小律和六言律诗都是很罕见的形式，因为它们既然自成一格，不能不略为提及罢了。

在这里我们附带提及诗人们的几个术语。凡两句相配，叫作一联，譬如第一句和第二句叫作首联（在这种意义之下，不一定成为对仗才称为联）；第三句和第四句叫作颔联；第五句和第六句叫作颈联；第七句和第八句叫作尾联。每联的上句叫作出句；下句叫作对句。下文有时为方便起见，我们将应用这些术语。

二、排　律

排律就是十句以上的律诗。它也是律诗之一种，本来不必自归一类；但为方便起见，也不妨如此分开。依常理推测，五言排律的起源应该是比普通的五律更早；因为律诗是由五言古诗逐渐演变而来，而五言古诗又多数是超过八句的。上节所举的庾信《奉和山池》，已经很像排律；其实，在庾信以前，如谢灵运有些诗也已经和排律相类似了，例如：

于南山往北山经湖中瞻眺　　谢灵运

朝旦发阳崖，景落憩阴峰。舍舟眺回渚，停策倚茂松。

侧径既窈窕，环洲亦玲珑。俯视乔木杪，仰聆大壑灇。

石横水分流，林密蹊绝踪。解作竟何感，升长皆丰容。

初篁苞绿箨，新蒲含紫茸。海鸥戏春岸，天鸡弄和风。

抚化心无厌，览物眷弥重。不惜去人远，但恨莫与同。

孤游非情叹，赏废理谁通！

但是，相类似并不就是相同。这一首谢诗因为差不多处处对仗，所以像排律（排律就是一直排比下去的意思，只有末两句不必用对仗，首两句也偶然可以不对）；但是因为不合近体诗的平仄，所以到底不能认为排律。总之，排律就是普通律诗的延长，它的一切规律都应该以普通律诗为标准。

关于排律的韵数，普通总喜欢用整数，例如十韵、二十韵、三十韵、四十韵、五十韵、六十韵等；六十韵以上，往往索性凑成一百韵（二百句，一千字）。

当然也有些排律的韵不是整数的，例如：刘禹锡《送陆侍御归淮南使府》用五韵；杜甫《风疾舟中伏枕书怀》用三十六韵；元稹《泛江玩月》用十二韵，《酬东川李相公》用十六韵，《酬段丞与诸棋流会宿弊居见赠》用二十四韵；等等。但这些到底占少数，而且像三十六和二十四之类，在古人的心目中仍旧是另一类的整数。有人误会，以为凡在题目上写明韵数的就是排律。其实像杜甫的《奉赠韦左丞丈二十二韵》、柳宗元的《游南亭夜还叙志七十韵》、白居易的《游悟真寺诗一百三十韵》等，都是古风，不是排律。

自唐以后，试帖诗都是五言排律，而且都是限定用十二句的，例如：

赋得花发上林　　王　表

御苑春何早，繁华已绣林！

笑迎明主仗，香拂美人簪。

地接楼台近，天垂雨露深。

晴光来戏蝶，夕景动楼禽。

欲托凌云势，先开捧日心。

方知桃李树，从此别成阴。

华州试月中桂　　张　乔

与月转鸿濛，

扶疏万古同。

根非生下土，叶不坠秋风。

结蕊圆时足，低枝缺处空。

影超群木外，香满一轮中。

未种丹霄日，应虚白兔宫。

如何同片玉，散植在堂东。

五言排律也像五言律诗，首句以不入韵为正例，入韵为变例。但是，其变例比五言律诗的变例更少。

就通常说，排律只限于五言。有人把杜甫的《寄岑嘉州》认为七言排律（见董文涣《声调四谱图说》），这是一种误解。

寄岑嘉州　　杜　甫

不见故人十年余，不道故人无素书。

愿逢颜色关塞远，岂意出守江城居。

外江三峡且相接，斗酒新诗终自疏。

谢朓每篇堪讽咏，冯唐已老听吹嘘。

泊船秋夜经春草，伏枕青枫限玉除。

眼前所寄选何物，赠子云安双鲤鱼。

《寄岑嘉州》的对仗虽颇像排律，却没有排律的对仗那样工整。最重要的是它的平仄和律诗的平仄不合，所以它只是一首七言的古风。不过，真正的七言排律也并不是没有，杜甫本人就有两首，兹录一首（另一首为《寒雨朝行视园树》）：

题郑十八著作虔　　杜甫

台州地阔海冥冥，云水长和岛屿青。

乱后故人双别泪，春深逐客一浮萍。

酒酣懒舞谁相拽？诗罢能吟不复听。

第五桥东流恨水，皇陂岸北结愁亭。

贾生对鹏伤王傅，苏武看羊陷贼庭。

可念此翁怀直道，也沾新国用轻刑。

祢衡实恐遭江夏，方朔虚传是岁星。

穷巷悄然车马绝，案头干死读书萤！

到了中唐（约在公元780年至840年），白居易和元稹也有七言排律，例如：

泛太湖书事寄微之　　白居易

烟渚云帆处处通，飘然舟似入虚空。

玉杯浅酌巡初匝，金管徐吹曲未终。

黄夹缬林寒有叶，碧琉璃水净无风。

避旗飞鹭翩翻白，惊鼓跳鱼拨剌红。

涧雪压多松偃蹇，岩泉滴久石玲珑。

书为故事留湖上，吟作新诗寄浙东。

军府威容从道盛，江山气色定知同。

报君一事君应羡，五宿澄波皓月中。

酬乐天雪中见寄　　元　稹

知君夜听风萧索，晓望林亭雪半糊。

撼落不教封柳眼，埽来偏尽附梅株。

敲扶密竹枝犹亚，煦暖寒禽气渐苏。

坐觉湖声迷远浪，回惊云路在长途。

钱塘湖上藕先合，梳洗楼前粉暗铺。

石立玉童披鹤氅，台施瑶席换龙须。

满空飞舞应为瑞，寡和高歌只自娱。

莫遣拥帘伤思妇，且将盈尺慰农夫。

称觞彼此情何异，对景东西事有殊。

镜水绕山山尽白，琉璃云母世间无。

和乐天重题别东楼　　元　稹

山容水态使君知，楼上从容万状移。

日映文章霞细丽，风驱鳞甲浪参差。

鼓催潮户凌晨击，笛赛婆官彻夜吹。

唤客潜挥远红袖，卖垆高挂小青旗。

剩铺床席春眠处，乍卷帘帷月上时。

光景无因将得去，为郎抄在和郎诗。

遭风二十韵　　元　稹

洞庭弥漫接天回，一点君山似措杯。

暝色已笼秋竹树，夕阳犹带旧楼台。

湘南贾伴乘风信，夏口篙工厄溯洄。

后侣逢滩方拽𦨣，前宗到浦已眠桅。

俄惊四面云屏合，坐见千峰雪浪堆。

罔象睢盱方逞怪，石尤翻动忽成灾。

胜陵岂但河官溢，块轧浑忧地轴摧。

疑是阴兵致昏黑，果闻灵鼓借喧豗。

龙归窟穴深潭漩，蜃作波涛古岸隤。

水客暗游烧野火，枫人夜长吼春雷。

浸淫沙市儿童乱，汨没汀洲雁鹜哀。

自叹生涯看转烛，更悲商旅哭沉财。

樯乌斗折头仓掉，水狗斜倾尾缆开。

045

在昔讵惭横海志，此时甘乏济川才。

历阳旧事曾为鳖，鲧穴相传有化能。

闭目唯愁满空电，冥心真类不然灰。

那知否极休征至，渐觉宵分曙气催。

怪族潜收湖黯湛，幽妖尽走日崔嵬。

紫衣将校临船问，白马君侯傍柳来。

唤上驿亭还酩酊，两行红袖拂樽罍。

　　但是，在元、白诗集中，七言排律也只占极小的部分（白氏尤少）。因此，许多分类的诗选总集里只有五言排律，没有七言排律的类目。

　　近代的文人联句，多喜欢联成长篇的排律（当然是五言的），相传联句始于《柏梁诗》，唐中宗景龙三年也模仿《柏梁》，君臣联句（那些却是七言）。那时是每人一句的。近代的联句颇有不同：第一个人先说第一句，以后每人说两句（例如第二第三两句)，最后的人说一个单句作收。这样，后面的人所说的要和前面的人所说的成为对仗，更见巧思。

三、绝 句

绝句字数恰等于律诗的一半：律诗八句，绝句只有四句。这样，五言绝句共是二十个字；七言绝句共是二十八个字，例如：

渡汉江　　宋之问

岭外音书断，经冬复历春。

近乡情更怯，不敢问来人。

春夜洛城闻笛　　李　白

谁家玉笛暗飞声？

散入东风满洛城。

此夜曲中闻折柳，何人不起故园情？

"绝句"的意义，不像"律诗"的意义那样易于索解。关于绝句的起源，也有各种不同的看法，譬如《岘佣说诗》以为：

绝句，盖截律诗之半：或截首尾两联，或截前半首，

或截中二联而成。（《带经堂诗话》有类似的说法）

这是说"绝"者截也，所以绝句又称为截句。它是产生在律诗之后的。但是《声调四谱》却说：

> 绝句之名，唐以前即有之。徐东海撰《玉台新咏》，别为一卷，实古诗之支派也。至唐而法律愈严；不惟与律体异，即与古体亦不同。或称截句，或称断句（力按：或又称短句）。世多谓分律诗之半即为绝句，非也。盖律由绝而增，非绝由律而减也。绝句云者：单句为句，句不能成诗；双句为联，联则生对；双联为韵，韵则生粘；句法平仄各不相重，无论律古，粘对联韵必四句而后备，故谓之绝。由此递增，虽至百韵可也；而断无可减之理。

这是说减至无可再减就叫作绝句，它是产生在律诗之前的。我们对于这相反的两说，都不能完全赞同；但是我们倾向于采用前一说。现在依照"分律诗之半即为绝句"这种说法，把绝句分析一番，然后说明我们所持的理由。

关于《岘佣说诗》的话，我们想加上"或截后半首"一句，因为那也是实际上有的。这样，我们可以把绝句分为四类：

（一）截取律诗的首尾两联的；

（二）截取律诗的后半首的；

（三）截取律诗的前半首的；

（四）截取律诗的中两联的。

第一类的绝句最为常见：律诗的首尾两联都可以不用对仗，而绝句正是不用对仗者居多，尤其是七绝。第二第四两类次之，第三类最少。此外，为什么不可以截取第一第三两联，或第二第四两联呢？这些本来也是可能的；但是，依照近体诗的平仄规律而论，这样就会变为失粘。除非不顾失粘，才可以这样做；原则上这是应该避免的。现在分别举例如下：

（一）截取律诗的首尾两联而成的（全首不用对仗）。

1. 五　绝

山中寄诸弟妹　　王　维

山中多法侣，禅诵自为群。

城郭遥相望，唯应见白云。

武陵田太守席送司马卢溪　　王昌龄

诸侯分楚郡，饮饯五溪春。

山水清晖远，俱怜一逐臣。

2. 七　绝

新息道中作　　刘长卿

萧条独向汝南行，

客路多逢汉骑营。

古木苍苍离乱后，几家同住一孤城！

军城早秋　　严　武

昨夜秋风入汉关，

朔云边月满西山。

更催飞将追骄虏，莫遣沙场匹马还。

从军行　　李　白

百战沙场碎铁衣，

城南已合数重围。

突营射杀呼延将，独领残兵千骑归。

听张立本女吟　　高　适

危冠广袖楚宫妆，

独步闲庭逐夜凉。

自把玉钗敲砌竹，清歌一曲月如霜。

注意：这一类以七绝为较多；因为五绝首句以不入韵为正例（见下文），而其首联又是以用对仗为较常见的。

（二）截取律诗的后半首而成的（首联用对仗）。

1．五　绝

南中咏雁诗　　韦承庆

万里人南去，三春雁北飞。

未知何岁月，得与尔同归。

逢雪宿芙蓉山主人　　刘长卿

日暮苍山远，天寒白屋贫。

柴门闻犬吠，风雪夜归人。

独坐敬亭山　　李　白

众鸟高飞尽，孤云独去闲。

相看两不厌，惟有敬亭山。

八阵图　　杜　甫

功盖三分国，名成八阵图。

江流石不转，遗恨失吞吴。

2. 七　绝

访韩司空不遇　　李嘉祐

图画风流似长康；

文词体格效陈王。

蓬莱对去归常晚，丛竹闲飞满夕阳。

旧　房　　白居易

远壁秋声虫络丝，

入檐新影月低眉。

床帷半故帘旌断，仍是初寒欲夜时。

注意：这一类以五绝较多；因为七绝首句以入韵为正例（见下文），而其首联又是以不用对仗为正例的。

（三）截取律诗前半首而成的（末联用对仗）。

1. 五　绝

九日龙山饮　　李　白

九日龙山饮，黄花笑逐臣。

醉看风落帽，舞爱月留人。

客儿亭　　〔宋〕郭祥正

翻经人已去，谁为立幽亭？

一望野云白，半藏山骨青。

2. 七　绝

南　园（第八首）　　李　贺

春水初生乳燕飞，

黄蜂小尾扑花归。

窗含远色通书幌，鱼拥香钩近石矶。

注意：这一类五绝和七绝都颇为罕见。

（四）截取律诗的中两联而成的（全首用对仗）。

1. 五 绝

封丘作　高 适

州县才难适，云山道欲穷。

揣摩惭黠吏，栖隐谢愚公。

绝句二首（录一）　杜 甫

迟日江山丽，春风花草香。

泥融飞燕子，沙暖睡鸳鸯。

华子冈　王 维

落日松风起，还家草露稀。

云光侵履迹，山翠拂人衣。

登鹳雀楼　王之涣

白日依山尽，黄河入海流。

欲穷千里目，更上一层楼。

2. 七　绝

登楼寄王卿　　韦应物

踏阁攀林恨不同，

楚云沧海思无穷。

数家砧杵秋山下，一郡荆榛楚雨中。

喜闻盗贼蕃寇总退　　杜　甫

萧关陇水入官军，

青海黄河卷塞云。

北极转愁龙虎气，西戎休纵犬羊群！

　　注意：在这一类中，五绝颇为常见，其数量差不多和第二类的五绝相等；七绝较为少见。有些七绝属于这一类的，首句便不入韵（见下文）。

　　五绝的首句也像五律的首句一样，以不入韵为正例，所以较宜于对仗，而第二类和第四类的五绝比七绝较多（因为这两类的首联是用对仗的）。本节上面所举的五绝，都是正例；这里我们试举两个首句入韵的变例来看：

塞下曲　　卢　纶

月黑雁飞高，

单于夜遁逃。

欲将轻骑逐，大雪满弓刀。

观放白鹰　　李　白

八月边风高，

胡鹰白锦毛。

孤飞一片雪，百里见秋毫。

七绝的首句也像七律的首句一样，以入韵为正例，不入韵为变例。不过，七绝的变例比五绝的变例较多。这因为绝句虽不一定要用对仗，但当其用对仗的时候，总喜欢用于首联（第二第四两类）；若首句入韵，则为韵所拘，对仗不容易，所以大家倾向于不使首句入韵，例如：

江南逢李龟年　　杜　甫

岐王宅里寻常见，崔九堂前几度闻。

正是江南好风景，落花时节又逢君。

叹白发　王　维

宿昔朱颜成暮齿，须臾白发变垂髫。

一生几许伤心事，不向空门何处销？

蓝桥驿见元九诗　白居易

蓝桥春雪君归日，秦岭秋风我去时。

每到驿亭先下马，循墙绕柱觅君诗。

袁江口忆王司勋　李嘉祐

京华不啻三千里，客泪如今一万双。

若个最为相忆处，青枫黄竹入袁江。

石头城　刘禹锡

山围故国周遭在，潮打空城寂寞回。

淮水东边旧时月，夜深还过女墙来。

以上属第二类。

漫　成　杜　甫

江月去人只数尺，风灯照夜欲三更。

沙头宿鹭联拳静，船尾跳鱼拨剌鸣。

灵云池送从弟　　王　维

金杯缓酌清歌转，画舸轻移艳舞回。

自叹鹡鸰临水别，不同鸿雁向池来。

宣城见杜鹃花　　李　白（一作杜牧）

蜀国曾闻子规鸟，宣城还见杜鹃花。

一叫一回肠一断，三春三月忆三巴。

以上属第四类。

偶然也有不因对仗，而首句亦不入韵者，但比较地少得多了，例如：

九月九日忆山东兄弟　　王　维

独在异乡为异客，每逢佳节倍思亲。

遥知兄弟登高处，遍插茱萸少一人。

樱　桃　　张　祜

石榴未坼梅犹小，爱此山花四五株。

斜日庭前风袅袅，碧油千片漏红珠。

　　现在我们回到刚才保留下来的问题：到底绝句先于律诗呢还是后于律诗？解决了这先后问题，"绝"字的意义也就容易决定了。依我们的意见，绝句应该分为古体绝句和近体绝句两种：

　　（一）古体绝句产生在律诗之前，有平韵，有仄韵（仄韵也许比较多些），句中的平仄不受律诗平仄规律的限制。

　　（二）近体绝句产生在律诗之后，在原则上只用平韵（仄韵罕见），句中的平仄受律诗平仄规律的限制。

　　由此看来，古体绝句只是最简短的古诗，唐以后的诗人依照古体所作的绝句，可以称为短篇的古风，亦称古意。依孙楷第先生的说法，绝句最初只是乐府的一解。一篇乐府有若干解，现在只取一解，所以谓之绝句（《学原》第一卷四期）。至于近体绝句，则显然受了律诗的深切影响，故勿论"绝"字的原意是否截取半首的意思，至少唐以后的诗人有这样的一个感觉。

　　实际上，近体诗和古体诗的界限是相当清楚的；但若不认清近体诗的主要条件，就把那界限泯没了。这主要条件就是它那平仄的严格的规律。譬如古风也常有对仗，但若不依近体诗的平仄，就不能认为排律。还有最严重的一种误解，就是为字数所迷惑，例如看见八句四十字就认为五律，五十六字就认为七律。其实四十字的五古和五十六字的七古也未尝不可能。同理，我们不要看见了二十个字就归入近体诗的五绝，二十八个字就归入近体诗的七绝；有些却是应该归入古风里去的。譬如杜诏《中晚唐诗叩弹集》就把孟郊的《古怨》归入古风：

> 试妾与君泪，两处滴池水。
>
> 看取芙蓉花，今年为谁死？

这是完全合理的。只有这样，才省去许多葛藤。

《声调四谱》把绝句分为三种：律绝、古绝、拗绝。其所谓拗绝，实在就是失粘失对的古绝和失粘失对的律绝，所以实际上只能分律绝和古绝两种。这种分法，与我们所分的两类（古体绝句和近体绝句）是一样的。所可惜者，著者坚持绝句产生在律诗之前，却没有说明古绝虽先于律诗，律绝却后于律诗。但是他说："至唐而法律愈严。"其实这"法律愈严"就是由古绝转到律绝的枢纽。

绝句虽可分为古体和近体两种，但是，既然普通都把它归入近体，我们就不妨从权，把近体绝句简称为绝句；至于古体绝句，我们索性就把它归入古风，不为它另立名目了。

四、近体诗的用韵

我们在前文中说过，唐宋诗人用韵所根据的韵书是《切韵》或《唐韵》，凡韵书中注明"同用"的韵就可以认为同韵；到了元末，索性把同用的韵归并起来，稍加变通，成为一百零六个韵。这一百零六个韵就是后代所谓平水韵，也就是明清时代普通所谓诗韵。由此看来，若说唐宋诗人用韵是依照平水韵的，虽然在历史上说不过去，而在韵部上却大致不差。现在我们就把这一百零六个韵列表于下，并附注着《唐韵》原来的韵目：

平　声

上　平

一　东（东）　　　　二　冬（冬钟）　　　　三　江（江）

四　支（支脂之）　　五　微（微）　　　　　六　鱼（鱼）

七　虞（虞模）　　　八　齐（齐）　　　　　九　佳（佳皆）

十　灰（灰咍）　　　十一真（真谆臻）　　　十二文（文欣）

十三元（元魂痕）　　十四寒（寒桓）　　　　十五删（删山）

下　平

一　先（先仙）　　　二　萧（萧宵）　　　　三　肴（肴）

四 豪（豪） 五 歌（歌戈） 六 麻（麻）

七 阳（阳唐） 八 庚（庚耕清） 九 青（青）

十 蒸（蒸登） 十一尤（尤侯幽） 十二侵（侵）

十三覃（覃谈） 十四盐（盐添严） 十五咸（咸衔凡）

上 声

一 董（董） 二 肿（肿） 三 讲（讲）

四 纸（纸旨止） 五 尾（尾） 六 语（语）

七 麌（麌姥） 八 荠（荠） 九 蟹（蟹骇）

十 贿（贿海） 十一轸（轸准） 十二吻（吻隐）

十三阮（阮混很） 十四旱（旱缓） 十五潸（潸产）

十六铣（铣狝） 十七篠（篠小） 十八巧（巧）

十九皓（皓） 二十哿（哿果） 廿一马（马）

廿二养（养荡） 廿三梗（梗耿静） 廿四迥（迥拯等）

廿五有（有厚黝） 廿六寝（寝） 廿七感（感敢）

廿八俭（琰忝俨） 廿九豏（豏槛范）

去 声

一 送（送） 二 宋（宋用） 三 绛（绛）

四 寘（寘至志） 五 未（未） 六 御（御）

062

七　遇（遇暮）　　　八　霁（霁）　　　九　泰（泰）

十　卦（卦怪夬）　　十一队（队代废）　　十二震（震塀）

十三问（问燉）　　　十四愿（愿愿恨）　　十五翰（翰换）

十六谏（谏祸）　　　十七霰（霰綫）　　　十八啸（啸笑）

十九效（效）　　　　二十号（号）　　　　廿一箇（箇过）

廿二祃（祃）　　　　廿三漾（漾宕）　　　廿四敬（映净劲）

廿五径（径证嶝）　　廿六宥（宥候幼）　　廿七沁（沁）

廿八勘（勘阚）　　　廿九艳（艳柝酽）　　三十陷（陷鉴梵）

入　声

一　屋（屋）　　　　二　沃（沃烛）　　　三　觉（觉）

四　质（质术栉）　　五　物（物迄）　　　六　月（月没）

七　曷（曷末）　　　八　黠（黠辖）　　　九　屑（屑薛）

十　药（药铎）　　　十一陌（陌麦昔）　　十二锡（锡）

十三职（职德）　　　十四缉（缉）　　　　十五合（合盍）

十六叶（叶怗业）　　十七洽（洽狎乏）

　　关于某字归某韵，现在除了硬记之外，没有妥善的办法可以知道。但是，有一个方法可以帮助记忆，就是记取字的声符（谐声偏旁）。譬如你知道了"今"字在侵韵，那么，凡从

"今"得声的字，如"吟、琴、衾"等，也该都在侵韵。由此类推，咱们可以知道"飢、饑"不同韵：因为从"几"得声的"肌"在支韵，所以"飢"也该在支韵，因为从"幾"得声的"機、磯"在微韵，所以"饑"该在微韵。不过这种类推法也不能百发百中，譬如"庐、胪、驴"在鱼韵，而"卢、炉、芦、鲈、轳、泸"在虞韵；"才、财、材、孩、该"在灰韵，而"豺、豥"在佳韵，这些仍旧是要靠硬记的。

《广韵》里的和蒸、登相配的上声拯、等被后人并入迥韵，去声证、嶝被后人并入径韵，这是很不合理的。但是，因为近体诗很少用仄韵，所以没有大关系。只有平声欣韵，在《唐韵》里本来注明是独用的，并未认为可以与文韵同用（这是依照戴东原的考证，现在我们看见的《广韵》则注为同用）。中唐以前（约在公元780年以前），诗人因为欣韵字少，大约又因它的声音和真韵较近，所以往往把它和真韵同用（注意，当时并不和文韵同用）。欣韵常用字有"欣、殷、勤、芹、斤、筋、垠、狺"等，试看下面的两个例子：

崔氏东山草堂　　杜　甫

爱汝玉山草堂静，高秋爽气相鲜新。

有时自发钟声响，落日更见渔樵人。

盘剥白鸦谷口栗，饭煮青泥坊底芹。

何为西庄王给事，柴门空闲镵松筠。

答前篇　　刘禹锡

小儿弄笔不能嗔，

涴壁书窗且当勤。

闻彼梦熊犹未兆，女中谁是卫夫人？

　　大约在晚唐以后，欣韵渐渐游移于真文之间，最后由于《广韵》里的次序是欣近于文，就混入了文韵了。

　　近体诗用韵甚严，无论绝句、律诗、排律，必须一韵到底，而且不许通韵。第四节至第六节里所举诸例，都可以作为证明。各韵所包括的字数很不相称，有些韵很宽，有些韵很窄。宽韵可以很自由，窄韵就会令人受窘；但是，有文才的人有时候却故意用窄韵来显本领。依宽窄的程度而论，诗韵大约可以分为四类，如下（举平韵以包括仄韵）：

（一）宽　韵

支　先　阳　庚　尤　东　真　虞

（二）中　韵

元　寒　鱼　萧　侵　冬　灰　齐　歌　麻　豪

（三）窄　韵

微　文　删　青　蒸　覃　盐

（四）险　韵

江　佳　肴　咸

这种分类自然多少带武断性，未必能得人人的同意。再者，像微文删三韵，字数虽少，却是非常的合用，所以诗人很喜欢用它们。

出韵是近体诗的大忌；宁可避免险韵，决不能让它出韵。《红楼梦》第四十八回说：

> 探春隔窗笑道："菱姑娘，你闲闲罢。"香菱怔怔答道："'闲'字是十五删的，错了韵了。"

从前的人的确受这种严格的拘束。科场中，诗出了韵（又称落韵），无论诗意怎样高超，只好算是不及格。现在我们试举几个险韵诗的例子；险韵也不能出韵，其他的韵更可想而知了，例如：

1. 江　韵（注意：勿与阳韵混）

季秋苏五弟缨江楼夜宴　　杜　甫

对月那无酒，登楼况有江。

听歌惊白发，笑舞拓秋窗。

尊蚁添相续，沙鸥并一双。

尽怜君醉倒，更觉片心降。

答刘连州邦字　　柳宗元

连璧本难双，

分符刺小邦。

崩云下滴水，劈箭上浮江。

负弩啼寒狖，鸣桴惊夜狵。

遥怜郡山好，谢守但临窗。

2. 佳　韵（注意：勿与灰韵混）

和李仆射雨中寄卢、严二给事　　张　籍

郊原飞雨至，城阙湿云埋。

迸点时穿牖，浮沤欲上阶。

偏滋解箨竹，并洒落花槐。

晚润生琴匣，新凉满药斋。

从容朝务退，放旷披曹乖。

尽日无来客，闲吟感此怀。

襄阳为卢窦纪事　元　稹

风弄花枝月照阶，

醉和春睡倚香怀。

依稀似觉双鬟动，潜被萧郎卸玉钗。

遣悲怀（其一）　元　稹

谢公最小偏怜女，自嫁黔娄百事乖。

顾我无衣搜荩箧，泥他沽酒拔金钗。

野蔬充膳甘长藿，落叶添薪仰古槐。

今日俸钱过十万，与君营奠复营斋。

3. 佳　韵（注意：勿与萧豪两韵相混）

堂　成　杜　甫

背郭堂成荫白茅，

缘江路熟俯青郊。

枻林碍日吟风叶，笼竹和烟滴露梢。

暂止飞乌将数子，频来语燕定新巢。

旁人错比扬雄宅，懒惰无心作《解嘲》。

陪诸公上白帝城头宴越公堂之作　　杜　甫

此堂存古制，城上俯江郊。

落构垂云雨，荒阶蔓草茅。

柱穿蜂溜蜜，栈缺燕添巢。

坐接春杯气，心伤艳蕊梢。

英灵如过隙，宴衍愿投胶。

莫问东流水，生涯未即抛。

江边四十韵　　元　稹

官借江边宅，天生地势坳。敧危饶坏构，迢递接长郊。

怪鹏频栖息，跳蛙颇混淆。总无篱缴绕，尤怕虎咆哮。

停潦鱼招獭，空仓鼠致猫。土虚烦穴蚁，柱朽畏藏蛟。

蛇虺吞檐雀，豺狼逐野麅。犬惊狂浩浩，鸡乱响嘐嘐。

潎落贫甘守，荒凉秽尽包。断帘飞熠耀，当户网蟏蛸。

曲突翻成沼，行廊却代庖。桥横老颠枒，马病裹刍茭。

069

一一床头点，连连砌下泡。辱泥疑在绛，避雨想经崤。

相顾忧为鳖，谁能复系匏？誓心来利往，卜食过安爻。

何计逃昏垫，移文报旧交。栋梁存伐木，苫盖愧分茅。

金琯排黄荻，琅玕裛翠梢。花砖水面斗，鸳瓦玉声敲。

方础荆山采，修椽郢匠刨。隐锥雷震蛰，破竹箭鸣敲。

正寝初停午，频眠欲转胞。困圆收薄禄，厨敀备嘉肴。

各各人宁宇，双双燕贺巢。高门受车辙，华厩称蒲捎。

尺寸皆随用，毫厘敢浪抛？箧余笼白鹤，枝剩架青鸦。

制榻容筐筐，施关拒斗笤。栏干防汲井，密室待持胶。

庭草佣工薙，园蔬稚子培。本图闲种植，那要择肥硗？

绿柚勤勤数，红榴个个抄。池清漉螃蟹，瓜蠹拾斑蝥。

晒篆看沙鸟，磨刀绽海鲛。罗灰修药灶，筑垛阅弓弨。

散诞都由习，童蒙剩懒教。最便陶静饮，还作解愁嘲。

近浦闻归楫，遥城罢晓铙。王孙如有问，须为并挥鞘。

4. 咸　韵（注意：原则上咸韵不应与覃盐相通；至于元
寒删先四韵，则绝对不能与咸韵同用）

送孙逸归庐山（得帆字）　　刘长卿

炉峰绝顶楚云衔，

楚客东归栖此岩。

彭蠡湖边香橘柚，浔阳郭外暗枫杉。

青山不断三湘道，飞鸟空随万里帆。

常爱此中多胜事，新诗他日仔开缄。

送王校书　韦应物

同宿高斋换时节，共看移石复栽杉。

送君江浦已惆怅，更上西楼看远帆。

　　盛唐（约在公元713年至779年）以前，除上面所说欣韵的情形之外，近体诗绝对不出韵；中唐（约在公元780年至840年）以后，偶然不免有出韵的情形，例如：

茂　陵　李商隐

汉家天马出蒲梢，

苜蓿榴花遍近郊。

内苑只知含凤嘴，属车无复插鸡翘。

玉桃偷得怜方朔，金屋妆成贮阿娇。

谁料苏卿老归国，茂陵松柏雨萧萧。

"梢郊"属肴，"翘娇萧"属萧。

贞元中，侍郎舅氏……　刘禹锡

曾作关中客，频经伏毒岩。

晴烟沙苑树，晚日渭川帆。

昔是青春貌，今悲白雪髯。

郡楼空一望，含意卷高帘。

前半首用咸韵，后半首用盐韵。

其他如杜牧《题木兰庙》以"儿眉妃"为韵（支微），李商隐《无题》以"重缝通红风"为韵（冬东），李远《游故王驸马池亭》以"珑通风红浓"为韵（东冬），曹唐《小游仙诗》以"飞稀诗"为韵（微支），崔珏《水晶枕》以"冰胜凝簪襟"为韵（蒸侵），司空图《杨柳枝寿杯词》以"帘函衫"为韵（盐覃咸），刘兼《蜀都春晚感怀》以"披追泥堤啼"为韵（支齐），《晚楼寓怀》以"还阑寒颜竿"为韵（删寒），都是出韵的。宋人也偶然有出韵的例子：

怀嵩楼新开南轩与郡僚小饮　欧阳修

绕郭云烟匝几重，

昔年曾此感"怀嵩"。

霜林落后山争出，野菊开时酒正浓。

解带西风飘画角，倚阑斜日照青松。

会须乘醉携嘉客，踏雪来看群玉峰。

"重浓松峰"属冬韵，而"嵩"却属东韵。

傅尧俞济源草堂　　苏　轼

微官共有田园兴，老罢方寻退隐庐。

栽种成阴百年事，仓皇求买万金无。

先生卜筑临清济，乔木如今似画图。

邻里亦知偏爱竹，春来相与护龙雏。

"无图雏"皆属虞模韵，而"庐"却属鱼韵。

这还可以说是用古风的宽韵来写律诗（苏轼这首诗可认为古风式的律诗）；至于像下面两首诗的用韵，就嫌太离绳墨了：

燕昭王墓　　〔晚唐〕罗　隐

战国苍茫难重寻，

此中踪迹想知音。

强停别骑山花晚，欲吊遗墟野草深。

浮世近来轻骏骨，高台何处有黄金？

思量郭隗平生事，不殉昭王是负恩。

"寻音深金"都属侵韵，而"恩"却属元韵。

雨　〔宋〕陈与义

霏霏三日雨，蔼蔼一园春。

雾泽含元气，风花过洞庭。

地偏寒浩荡，春半客竛竮。

多少人间事，天涯醉又醒。

"庭竮醒"属青韵，而"春"却属真韵。

自唐至清，近体诗固然限用本韵，古体诗也不过偶用邻韵。除了先韵可认为元寒删的邻韵，又江可勉强认为阳的邻韵之外，上平声和下平声绝对没有相通之理（仄声依平声类推）。譬如依照现代北方话，侵可通真，覃可通寒，盐可通先；依照西南官话，真可通庚青蒸；依照皖湘滇方言，阳可通寒；依照吴语，歌可通虞（一部分字如"蒲都孤"等），诸如此类，非但和近体诗的规律绝不相容，而且和古体诗的规律也是不合的。

总之，宋代以前，近体诗之出韵者，千首中难见一二首，自然不可为训。何况千数百年来，传抄难免有误。例如白居易的百韵排律《武陵书怀五十韵》，中有一联是："荏苒星霜换，回环节候推。"推，一本作"催"，当系传抄之误，因为绝没有能用九十九个支韵字，而偏让一个字出韵的道理。又如杜甫《偶题》中有一联是："漫作《潜夫论》，虚传幼妇碑。"碑，一本作"词"，也是错的。杜甫时代，《唐韵》中的支韵尚未与脂之相混，此诗中连用"知垂斯为规疲奇儿亏碑移枝螭危卑池麾支罴宜陂离"二十二个韵脚都是支韵字，绝没有插进一个之韵"词"字的道理。这些都是浅人所擅改，不可不知。

近体诗以平韵为正例，仄韵非常罕见。仄韵律诗很像古风；我们要辨认它们是不是律诗，仍旧应该以其是否用律句的平仄为标准。下面是一些仄韵律诗的例子：

1. 五　律

湘中纪行十首（录一）　　刘长卿

浮石濑

秋月照潇湘，月明闻荡桨。

石横晚濑急，水落寒沙广。

众岭猿啸重，空江人语响。

清晖朝复暮，如待扁舟赏。

十首之中，有五首是平韵五律，其余五首自应认为仄韵五律。平仄亦合于律诗。

海阳十咏（录一）　刘禹锡

蒙　池

潆渟幽壁下，深净如无力。

风起不成文，月来同一色。

地灵草木瘦，人远烟霞逼。

往往疑列仙，围棋在岩侧。

十首之中，也有五首平韵，五首仄韵，与刘长卿的《湘中纪行》情形相同。

2. 七　律

意　绪　韩偓

绝代佳人何寂寞！

梨花未发梅花落。

东风吹雨入西园，银线千条度虚阁。

脸粉难匀蜀酒浓，口脂易印吴绫薄。

娇娆意绪不胜羞，愿倚郎肩永相著。

仄韵近体五绝较为常见，例如：

送方外上人　　刘长卿

孤云将野鹤，岂向人间住？

莫买沃洲山，时人已知处。

忆鄱阳旧游　　顾　况

悠悠南园思，夜向江南泊。

楚客断肠时，月明枫子落。

仄韵近体七绝非常罕见，兹不举例。

仄韵律诗和绝句可以说是近体诗和古体诗的交界处。近体诗和古体诗的界限相当分明，只有仄韵律绝往往也可认为入律的古风，因为近体诗毕竟是以平韵为主的。

末了，我们顺带谈一谈限韵和和诗。

限韵，有两类情形：第一，是试场的限韵；第二，是诗人雅集的限韵。从性质上又可分为两类：第一，是限韵不限字，例如唐贞元进士的试题是《赋得春风扇微和》，大约是限用东韵或真韵（见《全唐诗》卷十三）；第二，是限韵兼限字，此类又可细分为两种：一种是限定一个字，其余的韵脚随便凑用，例如上文所举柳宗元《答刘连州邦字》和刘长卿《送孙逸归庐山（得帆字）》，就是诗中必须用"邦"字、"帆"字做韵脚，凡题目有"得某字"者，都是这一类；另一种是把全首诗的韵脚都预先指定了，例如梁曹景宗凯旋，侍武帝宴，群臣用韵已罄，只余"竞病"二字。景宗作诗云："去时儿女悲，归来笳鼓竞。借问行路人，何如霍去病？"

和诗，最初的时候是一唱一和，并不一定要用对方的原韵或原韵脚。例如韩察、崔恭、陆灈、胡证都和张弘靖的《山亭怀古》：张弘靖原诗用的是支韵；韩察用的是先韵；崔恭用的是东韵；陆、胡二人虽也用支韵，而韵脚无一字与原诗相同（《全唐诗》卷十三）。但是，唐人偶然也喜欢用原韵，例如刘禹锡同乐天和微之深春二十首，就注明同用"家花车斜"四韵。宋代以后，和诗就差不多总要依照原韵，叫作次韵或步韵，例如苏轼的《次韵曹辅寄壑源试焙新芽》。这样，和诗的人就变了被限韵脚了。

此外，尚有所谓用韵，是用古人某诗的原韵，其实等于和古人的诗。又有所谓叠韵，是用自己做的诗的原韵（如果连叠多次，就称为再叠、三叠等），其实等于和自己的诗。这些都不必细述。

五、平仄的格式

关于近体诗的平仄，普通的格式如下：

（一）五　律

1. 仄起式（如首句入韵，则为"仄仄仄平平"）

仄仄平平仄，平平仄仄平。

平平平仄仄，仄仄仄平平。

仄仄平平仄，平平仄仄平。

平平平仄仄，仄仄仄平平。

2. 平起式（如首句入韵，则为"平平仄仄平"）

平平平仄仄，仄仄仄平平。

仄仄平平仄，平平仄仄平。

平平平仄仄，仄仄仄平平。

仄仄平平仄，平平仄仄平。

出句如系仄头，对句必须是平头；出句如系平头，对句必须是仄头，这叫作对。上一联的对句如系平头，下一联的出句必须也是平头；上一联的对句如系仄头，下一联的出句必须也是仄头。这叫作粘（粘有广义，有狭义。广义的粘就是一切的平仄都合式，不合叫作失粘。狭义的粘，如这里所述，违者也叫作失粘）。

前文说过，五言排律是五言律诗的延长，因此，五言排律的平仄只须依照五言律诗的平仄，注意不违反粘对的规则，延长下去就是了。前文也说过，五言绝句是五言律诗的减半，因此，五言绝句的平仄只须依照五言律诗的平仄，也注意不违反粘对的规则就是了。

（二）七 律

1. 平起式（如首句不入韵，则为"平平仄仄平平仄"）

平平仄仄仄平平，仄仄平平仄仄平。

仄仄平平平仄仄，平平仄仄仄平平。

平平仄仄平平仄，仄仄平平仄仄平。

仄仄平平平仄仄，平平仄仄仄平平。

2. 仄起式（如首句不入韵，则为"仄仄平平平仄仄"）

仄仄平平仄仄平，平平仄仄仄平平。

平平仄仄平平仄，仄仄平平仄仄平。

仄仄平平平仄仄，平平仄仄仄平平。

平平仄仄平平仄，仄仄平平仄仄平。

七言律诗的粘对，和五言律诗的粘对规则完全相同。七言排律是七方律诗的延长，七言绝句是七言律诗的减半；因此，它们的平仄也就是七律的平仄，只须依照粘对的规则，分别延长或减半就是了。

为了便于记忆和了解起见，我们对于近体诗的平仄，须要更进一步的分析和更新颖的说明。近体诗的平仄的原则只是要求不单调：为要不单调，所以（一）平声和仄声必须递换；（二）一联之中，平仄必须相对，但若每联的平仄相同，又变为单调了，所以（三）下一联的出句的平仄必须和上一联的对句的平仄相粘，这样，相近的两联的平仄才不至于相同。

关于平仄的递换，咱们不妨先假定两样的四言平仄形式，就是：

1. 平平仄仄。

2. 仄仄平平。

然后，咱们再假定五言律诗有平脚和仄脚两种句子，于是依照下面的四个方法，把上面的四言的句子再加上一个字，使它们变为五言：

（一）"平平仄仄"的四言欲变为仄脚的五言时，须在中间插入一个平声字（以平随平），成为"平平平仄仄"。

（二）"平平仄仄"的四言欲变为平脚的五言时，须在句末加上一个平声字（以平随仄），成为"平平仄仄平"。

（三）"仄仄平平"的四言欲变为平脚的五言时，须在中间插入一个仄声字（以仄随仄），成为"仄仄仄平平"。

（四）"仄仄平平"的四言欲变为仄脚的五言时，须在句末加上一个仄声字（以仄随平），成为"仄仄平平仄"。

简单地说，就是：

（一）仄脚仍仄脚，中插平；

（二）仄脚变平脚，尾加平；

（三）平脚仍平脚，中插仄；

（四）平脚变仄脚，尾加仄。

这样，五律虽有八句，其平仄变化，不出于下列的四种形式之外：

（一）仄仄平平仄；

（二）仄仄仄平平；

（三）平平平仄仄；

（四）平平仄仄平。

如果咱们把第一类认为a，第二类认为A（都是仄头），又把第三类认为b，第四类认为B（都是平头），那么，上文的五律平仄式可以简单地表示如下：

1. 仄起式

（1）首句不入韵者：aB，bA，aB，bA。

（2）首句入韵者：AB，bA，aB，bA。

2. 平起式

（1）首句不入韵者：bA，aB，bA，aB。

（2）首句入韵者：BA，aB，bA，aB。

七律的句子就是五律的句子的延长，只在句首加上两个字，仄头加成平头，平头加成仄头，就成为下列的四种形式：

（一）平平仄仄平平仄（a）；

（二）平平仄仄仄平平（A）；

（三）仄仄平平平仄仄（b）；

（四）仄仄平平仄仄平（B）。

这样，上文的七律平仄式也可以简示如下：

1. 平起式

（1）首句入韵者：AB，bA，aB，bA。

（2）首句不入韵者：aB，bA，aB，bA。

2. 仄起式

（1）首句入韵者：BA，aB，bA，aB。

（2）首句不入韵者：bA，aB，bA，aB。

近体诗句的节奏，是以每两个音为一节，最后一个音独自成为一节。平声占时间大致比仄声长一倍，如下：

五言诗每句三节：

仄—仄— ‖ 平——平—— ‖ 仄—

平——平—— ‖ 仄—仄— ‖ 平——

平——平—— ‖ 平——仄— ‖ 仄—

仄—仄— ‖ 仄—平—— ‖ 平——

七言诗每句四节：

平——平—— ‖ 仄—仄— ‖ 平——平—— ‖ 仄—

仄—仄— ‖ 平——平—— ‖ 仄—仄— ‖ 平——

仄—仄— ‖ 平——平—— ‖ 平——仄— ‖ 仄—

平——平—— ‖ 仄—仄— ‖ 仄—平—— ‖ 平——

为叙述的方便起见，我们将把最后一个节奏称为脚节，脚节之上为腹节，腹节之上为头节，头节之上为顶节。五言的诗句只有三节，没有顶节，这些称呼是与上文所说"七律的句子为五律的句子的延长"的理论相配合的。但所谓加长，只是头上加顶，不是脚下加靴。

下面我们将分别举出一些实例，来证明近体诗的平仄。我们仅举律绝的例子；排律可以由此类推。

（一）五　律

1. 仄起式

（1）首句不入韵者

江亭晚眺　　王安石

日下崦嵫外，秋生沉砀间。

清江无限好，白鸟不胜闲。

雨过云收岭，天空月上湾。

归鞍侵调角，回首六朝山。

（全首仅有一个"回"字不合平仄格式）

（2）首句入韵者

送裴别将之安西　　高　适

绝域眇难跻，

悠然信马蹄。

风尘经跋涉，摇落怨暌携。

地出流沙外，天长甲子西。

少年无不可，行矣莫凄凄！

（全首仅"摇、少、行"三字不合平仄格式）

2. 平起式

（1）首句不入韵者

春日登楼怀归　　寇　准

高楼聊引望，杳杳一川平。

野水无人渡，孤舟尽日横。

荒村生断霭，古寺语流莺。

旧业通清渭，沉思忽自惊。

（全首与平仄格式相符）

（2）首句入韵者

答白刑部闻新蝉　　刘禹锡

蝉声未发前，

已自感流年。

一入凄凉耳，如闻断续弦。

晴清依露叶，晚急畏霞天。

何事秋卿咏，逢时亦悄然。

（全首仅有"何"字不合平仄格式）

（二）五 绝

1. 仄起式

（1）首句不入韵者

溪 上　　罗公升

往岁贪奇览，今年遂考槃。

门前溪一发，我作五湖看。

（全首与平仄格式相符）

（2）首句入韵者

野牧园　　张孝祥

秋晚稻生孙，

催科不到门。

人闲牛亦乐，随意过前村。

（全首仅"秋、随"二字不合平仄格式）

2. 平起式

（1）首句不入韵者

晚过水北　欧阳修

寒川消积雪，冻浦暂通流。

日暮人归尽，沙禽上钓舟。

（全首无一字不合平仄格式）

（2）首句入韵者

白　鹭　李嘉祐

江南渌水多，

顾影逗轻波。

落日秦云里，山高奈若何！

（全首无一字不合平仄格式）

（三）七　律

1. 平起式

（1）首句入韵者

使次安陆寄友人　刘长卿

新年草色远萋萋，

久客将归失路蹊。

暮雨不知滉口处，春风只到穆陵西。

城孤尽日空花落，三户无人白鸟啼。

君在江南相忆否？门前五柳几枝低。

（全首仅"不、三、君"三字不合平仄格式）

（2）首句不入韵者

城上夜宴　　白居易

留春不住登城望，惜夜相将秉烛游。

风月万家河两岸，笙歌一曲郡西楼。

诗听越客吟何苦，酒被吴娃劝不休。

从道人生都是梦，梦中劝笑亦胜愁。

（全首只有"风、万、从、欢"及第二"梦"字不合）

2. 仄起式

（1）首句入韵者

题李处士幽居　　温庭筠

水玉簪头白角巾，

瑶琴寂历拂轻尘。

089

浓阴似帐红薇晚，细雨如烟碧草新。

隔竹见笼疑有鹤，卷帘看画静无人。

南窗自有忘机友，谷口徒称郑子真。

（全首只有一个"见"字不合平仄格式）

（2）首句不入韵者

寄殷协律　白居易

五岁优游同过日，一朝消散似浮云。

琴书酒伴皆抛我，雪月花时最忆君。

几度听鸡歌白日，亦曾骑马咏红裙。

吴娘暮雨萧萧曲，自别江南更不闻。

（全首只有"一、消、亦、骑"四字不合平仄）

（四）七　绝

1. 平起式

（1）首句入韵者

解闷十二首（其十）　杜　甫

忆过泸戎摘荔枝，

青枫隐映石逶迤。

京中旧见君颜色，红颗酸甜只自知。

（全首只有"红"字不合）

（2）首句不入韵者

南游感兴　窦巩

伤心欲问当时事，惟见江流去不回。

日暮东风春草绿，鹧鸪飞上越王台。

（全首只有"惟、鹧、飞"三字不合）

2. 仄起式

（1）首句入韵者

题画卷　范成大

凿落秋江水石明，

高枫老柳两滩横。

君看叠巘云容变，又有中宵雨意生。

（全首与平仄格式完全相符）

（2）首句不入韵者。

念昔游　　杜　牧

十载飘然绳检外，尊前自献自为酬。

秋山春雨闲吟处，遍倚江南寺寺楼。

（全首仅有一个"春"字不合平仄格式）

以上所举各诗，在平仄上说，都是近体诗中的标准诗。虽然有少数的字未合平仄格式，但那些地方都是可以通融的。

末了，我们将谈一谈仄韵近体诗的平仄。近体诗用仄韵，本非正例；偶然用仄韵时，只把每联的对句改为a式或b式（不用AB）就是了，依盛唐人的规矩，在五律仄韵诗里，各联出句的末字须平仄相间。上文所举刘长卿和刘禹锡的仄韵五律，都是合于这个规矩的。现在再举两个例子：

江上别流人　　孟浩然

以我越乡客（仄），逢君谪居者。（ab）

分飞黄鹤楼（平），流落苍梧野。（Ba）

驿使乘云去（仄），征帆沿溜下。（ab）

不知从此分（平），还袂何时把？（Ba）

"越"字、"谪"字和"黄"字叫作拗字，首联对句和末联出句为特殊形式。

秋云岭　　刘长卿

山色无定姿（平），如烟复如黛。（Ba）

孤峰夕阳后（仄），翠岭秋天外。（ab）

云起遥蔽亏（平），江回频向背。（Ba）

不知今远近（仄），到处犹相对。（ab）

首联对句与次联出句皆系特殊形式；三联出句"平仄平仄平"系古式，刘长卿喜欢把这个古式用于仄韵五律。这一个平仄相间的规矩，中唐人已不能完全遵守（例如刘禹锡）；到了晚唐，出句就索性一律用平脚，使它和对句的仄脚相对，例如：

乾宁三年丙辰在奉天重围作　　韩偓

仗剑夜巡城（平），衣襟满霜霰。（Ab）

贼火遍郊坰（平），飞焰侵星汉。（Aa）

积雪似空江（平），长林如断岸。（Ab）

独凭女墙头（平），思家起长叹。（Ab）

首联对句和末联对句系特殊形式。注意：此诗失粘，失对，与古风的界限并不分明。

五 更　韩偓

秋雨五更头（平），桐竹鸣骚屑。（Aa）

却似春残间（平），断送花时节。（Aa）

空楼雁一声（平），远屏半明灭。（Bb）

绣被拥娇寒（平），眉山正愁绝。（Aa）

三联对句和末联对句系特殊形式。失对，失粘。

五绝用仄韵，较五律为多见。它的出句用平脚或仄脚，并不一定。但是，比较起来，仍以平仄相间为最多，而且是先仄脚，后平脚，例如：

茱萸湾北答崔载华问　刘长卿

荒凉野店绝（仄），迢递人烟远。（ba）

苍苍古木中（平），多是隋家苑。（Ba）

七言近体用仄韵，最为罕见。像韩偓的七言仄律，除第一句因入韵须用仄脚外，其余各联出句都用平脚，这可以说是和

094

他的五言仄律的规矩大致相同。现在再举他的另一首七言仄律来看：

闲 步 韩 偓

庄南纵步游荒野（仄），独鸟寒烟轻惹惹。（ab）

傍山疏雨湿秋花（平），僻路浅泉浮败果。（Ab）

樵人相见指惊麚（平），牧童四散收嘶马。（Aa）

一壶倾尽未能归（平），黄昏更望诸烽火。（Aa）

注意：此诗失粘，失对，又歌麻通韵，与古风相混。

仄韵七绝，非常罕见，现在试举一例如下，请注意第三句系用平脚：

戏赠灵澈上人 吕 温

僧家亦有芳春兴，

自是禅心无滞境。

君看池水湛然时，何曾不受花枝影？

六、近体诗的对仗

关于对仗的规矩，简单地说，只须名词和名词相对，动词和动词相对，形容词和形容词相对，副词和副词相对，就行了。其实，在诗句里，只有名、动两种词为主要的成分，尤其是名词必须和名词相对；形容词有时可认为与动词同类（尤其是不及物动词），相为对仗。至于对仗的工整与否，就要看它们二者是否属于同一最小的范畴。

近体诗的对仗，见于律诗和排律里；至于绝句，大多数是不用对仗的。现在先谈律诗。

对仗是律诗的必要条件。就一般情形而论，律诗的对仗是用于颔联和颈联；换句话说，就是第三句和第四句对仗，第五句和第六句对仗，例如：

（一）五　律

1. 首句入韵者

观　猎　　王　维

风劲角弓鸣，

将军猎渭城。

草枯鹰眼疾，雪尽马蹄轻。

忽过新丰市，还归细柳营。

回看射雕处，千里暮云平。

颔联"草"与"雪"，名词；"枯"与"尽"，不及物动词；"鹰眼"与"马蹄"，名词仂语；"疾"与"轻"，形容词。颈联"忽"与"还"，副词；"过"与"归"，动词；"新丰"与"细柳"，专名；"市"与"营"，名词。

2. 首句不入韵者

送李秘书却赴南中　刘长卿

却到番禺日，应伤昔所依。

炎洲百口住，故国几人归？

路识梅花在，家存棣萼稀。

独逢回雁去，犹作旧行飞。

颔联"炎"与"故"，形容词；"洲"与"国"，名词；"百"与"几"，数目字；"口"与"人"，名词；"住"与"归"，动词。颈联"路"与"家"，名词；"识"与"存"，动词；"梅花"与"棣萼"，名词仂语；"在"，不

097

及物动词，"稀"，形容词。

（二）七　律

1. 首句入韵者

同皇甫冉登重玄阁　　李嘉祐

高阁朱栏不厌游，

蒹葭白水绕长洲。

孤云独鸟川光暮，万井千山海色秋。

清梵林中人转静，夕阳城上角偏愁。

谁怜远作秦吴别，离恨归心双泪流。

　　颔联"孤、独、万、千"，数目；"云、鸟、井、山"，名词；"川光"与"海色"，名词仂语；"暮"与"秋"，名词当形容词用。颈联"清梵"与"夕阳"，名词仂语；"林中"与"城上"，名词仂语；"人"与"角"，名词；"转"与"偏"，副词；"静"，形容词，"愁"，不及物动词。

　　2. 首句不入韵者

客 至 　杜 甫

舍南舍北皆春水，但见群鸥日日来。

花径不曾缘客扫，蓬门今始为君开。

盘飧市远无兼味，樽酒家贫只旧醅。

肯与邻翁相对饮，隔篱呼取尽余杯。

颔联"花径"与"蓬门"，名词仿语；"不曾"与"今始"，副词仿语；"缘"与"为"，介词；"客"，名词，"君"，代名词；"扫"与"开"，动词。颈联"盘飧"与"樽酒"，名词仿语；"市"与"家"，名词；"远"与"贫"，形容词；无，动词，"只"，此处作"只有"解；"兼"与"旧"，形容词；"味"与"醅"，名词。

这可以说是正例。此外还有许多变例：律诗的对仗可以少到只用于一联，多到四联都用。如果只用于一联，就是用于颈联；这时颔联不用对仗。本来，唐以前的古诗是不一定要对仗的；律诗虽规定用对仗，还有些人稍存古法，偶然在颔联里免用。这种情形，在盛唐的五律中颇为常见，例如：

送贺遂员外外甥　王 维

南国有归舟，

荆门溯上流。

苍茫葭菼外，云水与昭丘。

樯带城乌去，江连暮雨愁。

猿声不可听，莫待楚山秋。

同崔兴宗送衡岳瑗公南归　王　维

言从石菌阁，新下穆陵关。

独向池阳去，白云留故山。

绽衣秋日里，洗钵古松间。

一施传心法，唯将戒定还。

送岐州源长史归　王　维

握手一相送，心悲安可论。

秋风正萧索，客散孟尝门。

故驿通槐里，长亭下槿原。

征西旧旌节，从此向河源。

挂席江上待月有怀　李　白

待月月未出，望江江自流。

倏忽城西郭，青天悬玉钩。

100

素华虽可揽，清景不同游。

耿耿金波里，空瞻鸤鹊楼。

与贾至舍人于龙兴寺

剪落梧桐枝望灉湖　　李　白

剪落梧桐枝，

灉湖坐可窥。

雨洗秋山净，林光澹碧滋。

水闲明镜转，云绕画屏移。

千古风流事，名贤共此时。

长门怨　　梁　锽

妾命何偏薄！君王去不归。

欲令遥见悔，楼上试春衣。

空殿看人入，深宫羡鸟飞。

翻悲因买赋，索镜照空辉。

艳女词　　梁　锽

露井桃花发，双双燕并飞。

美人姿态里，春色上罗衣。

自爱频开镜，时羞欲掩扉。

不知行路客，遥惹五香归。

狷氏子　梁锽

杏梁初照日，碧玉后堂开。

忆事临妆笑，春娇满镜台。

含声歌扇举，顾影舞腰回。

别有佳期处，青楼客夜来。

题慎言法师故房　储光羲

精庐不住子，自有无生乡。

过客知何道？徘徊雁子堂！

浮云归故岭，落月还西方。

日夕虚空里，时时闻异香。

寒夜江口泊舟　储光羲

寒潮信未起，出浦缆孤舟。

一夜苦风浪，自然生旅愁。

吴山迟海月，楚火照江流。

欲有知音者，异乡谁可求？

寻徐山人遇马舍人　　储光羲

泊舟伊川右，正见野人归。

日暮春山绿，我心清且微。

岩声风雨度，水气云霞飞。

复有金门客，来参萝薜衣。

送李棹游江东　　王昌龄

清洛日夜涨，微风引孤舟。

离肠便千里，远梦生江楼。

楚国橙橘暗，吴门烟雨愁。

东南具今古，归望山云秋。

以上所举，像王昌龄、储光羲和高适的诗在平仄上可认为古风式的律诗，在对仗的自由上，自然也容易采取古诗的形式；至于王维、李白和梁锽的诗，在平仄上已经是近体（偶然有丑类特拗及孤平拗救），但在对仗上也还喜欢仿古。这种单联对仗的五律，直到中唐还没有绝迹，例如：

归　田　　元　稹

陶君三十七，挂绶出都门。

103

我亦今年去，商山淅岸村。

冬修方丈室，春种桔槔园。

千万人间事，从兹不复言。

东台去　元　稹

陶君喜不遇，予每为君言。

今日东台去，澄心在陆浑。

旋抽随日俸，并买近山园。

千万崔兼白，殷勤奉主恩。

七律颔联不用对仗的极少，因为五古可以仿古，七言无古可仿的缘故。但是，杜甫有时候还喜欢在颔联用一种似对非对的句子：

咏怀古迹　杜　甫

摇落深知宋玉悲，

风流儒雅亦吾师。

怅望千秋一洒泪，萧条异代不同时。

江山故宅空文藻，云雨荒台岂梦思！

最是楚宫俱泯灭，舟人指点至今疑。

诸　将　杜 甫

锦江春色逐人来，

巫峡清秋万壑哀。

正忆往时严仆射，共迎中使望乡台。

主恩前后三持节，军令分明数举杯。

西蜀地形天下险，安危须仗出群材。

这种颔联，至多只能说是极宽极勉强的对偶，和颈联相比，其工整的程度就差得多了。

如果我们把这种对仗叫作"贫的对仗"，那么，三个联以上的对仗就该叫作"富的对仗"。有一种富的对仗是最常见的，差不多和普通的对仗一样常见，这就是前三联都用对仗。就五律而论，前三联用对仗的办法，比中两联用对仗的办法少不了许多，因为它的首句多不入韵，所以首联容易造成对偶，例如：

除　夜　王 谭

今岁今宵尽，明年明日催。

寒随一夜去，春逐五更来。

气色空中改，容颜暗里回。

风光人不觉，已著后园梅。

饯田尚书还兖州　　张　谓

忠义三朝许，威名四海闻。

更乘归鲁诏，犹忆破胡勋。

别路逢霜雨，行营对雪云。

明朝郭门外，长揖大将军。

晚夏归别业　　张　祜

古岸扁舟晚，荒园一径微。

鸟啼新果熟，花落故人稀。

宿润侵苔凳，斜阳照竹扉。

相逢尽乡老，无复话时机。

送韩校书　　许　浑

恨与前欢隔，愁因此会同。

迹高芸阁吏，名散雪楼翁。

城闭三秋雨，帆飞一夜风。

酒醒鲈脍美，应在竟陵东。

就七律而论，首联的对仗较为少见，因为首句入韵为常，而入韵的出句不很便于属对的缘故。至于首句不入韵的七律，则往往用对偶，例如：

咏怀古迹　　杜 甫

支离东北风尘际，漂泊西南天地间。

三峡楼台淹日月，五溪衣服共云山。

羯胡事主终无赖，词客哀时且未还。

庾信平生最萧瑟，暮年诗赋动江关。

和令狐六员外直夜即事寄上相公　　姚 合

霜台同处轩窗接，粉署先登语笑疏。

皓月满帘听玉漏，紫泥盈手发天书。

吟诗清美招闲客，对酒逍遥卧直庐。

荣贵人间难有比，相公离此十年余。

但是，首句入韵的律诗并不一定妨碍首联的对仗；遇方便时仍有属对的可能，例如：

春夜别友人　　陈子昂

银烛吐青烟，

金尊对绮筵。

离堂思琴瑟，别路绕山川。

明月隐高树，长河没晓天。

悠悠洛阳去，此会在何年！

故西河郡杜太守挽歌　　王　维

涂刍去国门，

秘器出东园。

太守留金印，夫人罢锦轩。

旌旗转衰木，箫鼓上寒原。

坟树应西靡，长思魏阙恩。

姑熟官舍　　许　浑

草生官舍似闲居，

雪照南窗满素书。

贫后始知为吏拙，病来还喜识人疏。

青云岂有窥梁燕，浊水应无避钓鱼。

不待秋风便归去，紫阳山下是吾庐。

杭州春望　　白居易

望海楼明照曙霞，

108

护江堤白踏晴沙。

涛声夜入伍员庙，柳色春藏苏小家。

红袖织绫夸柿蒂，青旗酤酒趁梨花。

谁开湖寺西南路？草绿裙腰一道斜。

另一种富的对仗和上面的一种恰恰相反：律诗的首联不用对仗，却在尾联用对仗。这样，对仗也共有三联，但对仗的位置不尽相同。这种富的对仗非常罕见，现在只举两个例子如下：

悲　秋　杜　甫

凉风动万里，群盗尚纵横。

家远传书日，秋来为客情。

愁窥高鸟过，老逐众人行。

始欲投三峡，何由见两京！

闻官军收河南河北　杜　甫

剑外忽传收蓟北，初闻涕泪满衣裳。

却看妻子愁何在？漫卷诗书喜欲狂。

白日放歌须纵酒，青春作伴好还乡。

即从巴峡穿巫峡，便下襄阳向洛阳。

律诗本借散行的句子来表示结束，所以末联对仗的律诗不为诗人们所喜用。但是，王维却有几首全首用对仗的律诗：

送李判官赴东江

闻道皇华使，方随皂盖臣。

封章通左语，冠冕化文身。

树色分扬子，潮声满富春。

遥知辨璧吏，恩到泣珠人。

故西河郡杜太守挽歌

天上去西征，

云中护北平。

生擒白马将，连破黑雕城。

忽见刍灵苦，徒闻竹使荣。

空留左氏传，谁继卜商名？

既蒙宥罪旋复拜官

忽闻汉诏还冠冕，始觉殷王解网罗。

日比皇明犹自暗，天齐圣寿未云多。

花迎喜气皆知笑，鸟识欢心亦解歌。

闻道百城新佩印，还来双阙共鸣珂。

杜甫也有一首：

禹　庙

禹庙空山里，秋风落日斜。

荒庭垂橘柚，古屋画龙蛇。

云气生虚壁，江声走白沙。

早知乘四载，疏凿控三巴。

这种多余的对仗，后代极少人模仿。我们只看见朱熹有一首诗可以归入这一个类型：

登定王台

寂寞番王后，光华帝子来。

千年余故国，万事只空台。

日月东西见，湖山表里开。

从知爽鸠乐，莫作雍门哀。

明白了律诗的对仗之后，排律的对仗就非常容易了解。排律也像律诗一般地首联和尾联可以不用对仗；中间无论有多少联语，一律须用对仗。排律因为多系五言，首句多不入韵，所以首联也像五律一般地容易用对仗，甚至比五律更为常见，所以应该认为正例。尾联因为要结束，所以用对仗者非常罕见。现在分别举例如下：

1. 除尾联外，一律用对仗（正例）：

送柴司户充刘卿判官之岭外 高　适

岭外资雄镇，朝端宠节旄。

月卿临幕府，星使出词曹。

海对羊城阔，山连象郡高。

风霜驱瘴疠，忠信涉波涛。

别恨随流水，交情脱宝刀。

有才无不适，行矣莫徒劳！

2. 首尾两联都不用对仗（变例）：

上白帝城 杜　甫

江城含变态，一上一回新。

天欲今朝雨，山归万古春。

英雄遗事业，衰迈久风尘。

取醉他乡客，相逢故国人。

兵戈犹拥蜀，赋敛强输秦。

不是烦形胜，深惭畏损神。

3. 全首用对仗（罕例）：

三月三日勤政楼侍宴应制　　王　维

彩仗连宵合，琼楼拂曙通。

年光三月里，宫殿百花中。

不数秦王日，谁将洛水同？

酒筵嫌落絮，舞袖怯春风。

天保无为德，人欢不战功。

仍临九衢宴，更达四门聪。

绝句是截取律诗的两联：如果截取首尾两联，则完全不
用对仗；如果截取后两联，则前者对仗而后者不对仗；如果
截取前两联，则前者不对仗而后者对仗；如果截取中两联，
则全首用对仗。

113

古体诗

一、古体诗每句的字数

古体诗又叫作古风。自从唐代近体诗产生之后，诗人们仍旧不放弃古代的形式，有些诗篇并不依照近体诗的平仄、对仗和语法，却模仿古人那种较少拘束的诗。于是律绝和古风成为对立的两种诗体。古风虽是模仿古诗的东西，然而从各方面看来，唐宋以后的古风毕竟大多数不能和六朝以前的古诗相比，因为诗人们受近体诗的影响既深，做起古风来，总不免潜意识地掺杂着多少近体诗的平仄、对仗或语法；恰像现在许多文人受语体文的影响既深，勉强做起文言文来，至多也只能得一个形似。在本书里，我们先谈近体诗，后谈古体诗，就因为唐宋以后的古体诗确曾受近体诗的影响，非先彻底了解近体诗就没法子了解古风的缘故。

本节先谈古风每句的字数。我们谈字数论句不论篇，因为古风每篇的字数是没有一定的；若以每句的字数而论，则古风可分为七种：四言；五言；七言；五七杂言；三七杂言；三五七杂言；错综杂言。兹分述如下：

（一）四　言

四言的古风可认为模仿《诗经》而作。《文选》里陆机诸人也有四言诗，可见四言诗一向没有断绝过。但是，它在唐人的古体诗中却是非常罕见的。现在只举王维、柳宗元各一篇为例：

酬诸公见过　　王　维

嗟予未丧，哀此孤生。屏居蓝田，薄地躬耕。

岁宴输税，以奉粢盛。晨往东皋，草露未稀。

暮看烟火，负担来归。我闻有客，足埽荆扉。

箪食伊何？瓜瓤抓枣。仰厕群贤，皤然一老。

愧无莞簟，班荆席藁。泛泛登陂，折彼荷花。

静观素鲔，俯映白沙。山鸟群飞，日隐轻霞。

登车上马，倏忽云散。雀噪荒村，鸡鸣空馆。

还复幽独，重欷累叹。

奉平淮夷雅表

皇武命丞相度董师集大功也（录二）　　柳宗元

皇耆其武，于潝于淮。既巾乃车，环蔡具来。

狡众昏嚣，甚毒于酲。狂奔叫呶，以干大刑。

皇咨于度，惟汝一德。旷诛四纪，其馑汝克。

锡汝斧钺，其往视师。师是蔡人，以宥以釐。

（二）五　言

五言的古风可认为正统的古体诗，因为《古诗十九首》是五言，六朝的诗大多数也是五言。现在只举李白的《古风》一首为例：

大雅久不作，吾衰竟谁陈？王风委蔓草，战国多荆榛。

龙虎相啖食，兵戈逮狂秦。正声何微茫！哀怨起骚人。

扬马激颓波，开流荡无垠。废兴虽万变，宪章亦已沦。

自从建安来，绮丽不足珍。圣代复元古，垂衣贵清真。

群才属休明，乘运共跃鳞。文质相炳焕，众星罗秋旻。

我志在删述，垂辉映千春。希圣如有立，绝笔于获麟。

（三）七　言

七言古诗起源颇晚，而唐宋七言古风的格律又多从近体七言诗演变而来。李、杜的七言古风较为近似古诗的格律，现在各举一例如下：

江上吟　　李　白

木兰之枻沙棠舟，玉箫金管坐两头。

美酒尊中置千斛，载妓随波任去留。

仙人有待乘黄鹤，海客无心随白鸥。

屈平词赋悬日月，楚王台榭空山丘。

兴酣落笔摇五岳，诗成笑傲凌沧洲。

功名富贵若长在，汉水亦应西北流！

锦树行　　杜　甫

今日苦短昨日休，岁云暮矣增离忧。

霜凋碧树待锦树，万壑东逝无停留。

荒戍之城石色古，东郭老人住青丘。

飞书白帝营斗粟，琴瑟几杖柴门幽。

青草萋萋尽枯死，天马跂足随牦牛。

自古圣贤多薄命，奸雄恶少皆封侯。

故国三年一消息，终南渭水寒悠悠。

五陵豪贵反颠倒，乡里小儿狐白裘。

生男堕地要膂力，一生富贵倾邦国。

莫愁父母少黄金，天下风尘儿亦得。

七言古风句首加"君不见"三字作冒头，可认为一种变体，例如：

送王七尉松滋得阳台云　孟浩然

君不见巫山神女作行云，霏红沓翠晓氛氲。

婵娟流入楚王梦，倏忽还随零雨分。

空中飞去复飞来，朝朝暮暮下阳台。

愁君此去为仙尉，便逐行云去不回。

骊山行　韦应物

君不见开元至化垂衣裳，厌坐明堂朝万方。

访道灵山降圣祖，沐浴华池集百祥。

千乘万骑被原野，云霞草木相辉光。

禁仗围山晓霜切，离宫积翠夜漏长。

玉阶寂历朝无事，碧树萋萋寒更芳。

三清小鸟传仙语，九华真人奉琼浆。

……

（四）五七杂言

五七杂言，七言中杂五言者较多，五言中杂七言者较少。

兹分别举例如下：

1. 七言中杂五言

长相思　　李　白

美人在时花满堂，美人去后空余床。

床中绣被卷不寝，至今三载犹闻香。

香亦竟不灭，人亦竟不来。

相思黄叶落，白露点青苔。

自汉阳病酒归寄王明府　　李　白

去岁左迁夜郎道，琉璃砚水长枯槁。

今年敕放巫山阳，蛟龙笔翰生辉光。

圣主还听《子虚赋》，相如却与论文章。

愿扫鹦鹉洲，与君醉百场。

啸起白云飞七泽，歌吟渌水动三湘。

莫惜连船沽美酒，千金一掷买春芳。

节妇吟寄东平李司空师道　　张　籍

君知妾有夫，赠妾双明珠。

感君缠绵意，系在红罗襦。

妾家高楼连苑起，良人执戟明光里。

知君用心如日月，事夫誓拟同生死。

还君明珠双泪垂，何不相逢未嫁时？

行路难　　张　籍

湘东行人长叹息，十年离家归未得。

弊裘羸马苦难行，僮仆饥寒少筋力。

君不见床头黄金尽，壮士无颜色。

龙蟠泥中未有云，不能生彼升天翼。

（这里"君不见"三字是五言的冒头。）

遥碧轩作呈使君少隐时欲赴召　　陈与义

我本山中人，尺一唤起趋埃尘。

君为边城守，作意邀山入窗牖。

朝来爽气如有期，送我凭轩一杯酒。

120

丈夫已忍猿鹤羞，欲去且复斯须留。

西峰木脱乱鬖拥，东岭烟破修眉浮。

主人爱客山更好，醉里一笑惊蛮州。

丁宁云雨莫作厄，明日青山当送客。

2. 五言中杂七言

江夏行　　李　白

忆昔娇小姿，春心亦自持。

为言嫁夫婿，得免长相思。

谁知嫁商贾，令人却愁苦！

自从为夫妻，何曾在乡土？

去年下扬州，相送黄鹤楼。

眼看帆去远，心逐江水流。

只言期一载，谁谓历三秋！

使妾肠欲断，恨君情悠悠。

东家西舍同时发，北去南来不逾月。

未知行李游何方，作个音书能断绝。

适来往南浦，欲问西江船。

正见当垆女，红妆二八年。

一种为人妻，独自多悲凄。

121

对镜便垂泪，逢人只欲啼。

不如轻薄儿，旦暮长相随。

悔作商人妇，青春长别离。

如今正好同欢乐，君去容华谁得知！

望夫山　　　陈　造

亭亭碧山椒，依约凝黛立。

何年荡子妇，登此望行役？

君行断音信，妾恨无终极。

坚诚不磨灭，化作山上石。

烟悲复云惨，仿佛见精魄。

野花徒自好，江月为谁白？

亦知江南与江北，红楼无处无倾国。

妾身为石良不惜，君心为石那可得？

（五）三七杂言

三七杂言，乃是七言中稍杂三字句，例如：

行行游且猎篇　　　李　白

边城儿，生年不读一字书，但将游猎跨轻趫。

胡马秋肥宜白草，骑来蹴影何矜骄！

金鞭拂雪挥鸣鞘，半酣呼鹰出远郊。

弓弯明月不虚发，双鹘迸落连飞髇。

海边观者皆辟易，猛气英风振沙碛。

儒生不及游侠人，白首下帷复何益！

长相思　　李　白

长相思，在长安。

络纬秋啼金井阑。微霜凄凄簟色寒。

孤灯不明思欲绝，卷帷望月空长叹。

美人如花隔云端。

上有青冥之长天，下有渌水之波澜。

天长路远魂飞苦，梦魂不到关山难。

长相思，摧心肝。

前有一樽酒行（其一）　　李　白

春风东来忽相过。金樽渌酒生微波。

落花纷纷稍觉多。美人欲醉朱颜酡。

青轩桃李能几何！流光欺人忽蹉跎。

君起舞，日西夕。

当年意气不肯平，白发如丝叹何益！

牧童词　张　籍

远牧牛，绕村四面禾黍稠。

陂中饥乌啄牛背，令我不得戏垄头。

入陂草多牛散行，白犊时向芦中鸣。

隔堤吹叶应同伴，还鼓长鞭三四声。

牛牛食草莫相触，官家截尔头上角。

白鼍鸣　张　籍

天欲雨，有东风。南溪白鼍鸣窟中。

六月人家井无水，夜闻鼍声人尽起。

山头鹿　张　籍

山头鹿，角芰芰，尾促促。

贫儿多租输不足。夫死未葬儿在狱。

早日熬熬蒸野冈，禾黍不收无狱粮。

县家唯忧少军食，谁能令尔无死伤？

牧牛儿　张　耒

牧牛儿，远陂牧。

远陂牧牛芳草绿。儿怒掉鞭牛不触。

124

涧边柳古南风清，麦深蔽目田野平。

乌犍砺角逐草行。老特卧嚵饥不鸣。

犊儿跳梁没草去，隔林应母时一声。

老翁念儿自携饷，出门先上岗头望。

日斜风雨湿蓑衣，拍手唱歌寻伴归。

远村牧牛风日薄，近村牧牛泥水恶。

珠玑燕赵儿不知，儿生但知牛背乐。

五禽言（录三）　　周紫芝

云瀼瀼，麦穗黄。婆饼欲焦新麦香。

今年麦熟不敢尝。斗量车载倾囷仓。

化作三军马上粮。（婆饼焦）

提壶芦，树头劝酒声相呼。劝人沽酒无处沽。

太岁何年当在酉，敲门问浆还得酒。

田中禾穗处处黄，瓮头新绿家家有。（提壶芦）

山花冥冥山欲雨，杜鹃声酸客无语。

客欲去，山边贼营夜鸣鼓。

谁言杜宇归去乐？归来处处无城郭。

春日暖，春云薄。

飞来日落还未落。春山相呼亦不恶。（思归乐）

（六）三五七杂言

三五七杂言以七言为主，杂以五言和三言。自有五言诗以后，奇数字的句子大约被人认为更适合于诗的节奏，所以七言之中往往杂以五言和三言，而不大杂以六言或四言，例如：

白云歌送刘十六归山　　李　白

楚山秦山皆白云，白云处处长随君。

长随君，君入楚山里。云亦随君渡湘水。

湘水上，女萝衣。白云堪卧君早归。

白毫子歌　　李　白

淮南小山白毫子，乃在淮南小山里。

夜卧松下云，朝餐石中髓。

小山连绵向山开，碧峰巉岩绿水回。

余配白毫子。独酌流霞杯。

拂花弄琴坐青苔，绿萝树下春风来。

南窗萧飒松声起，凭崖一听清心耳。

可得见，未得亲。

八公携手五云去，空余桂树愁杀人。

登高丘而望远　　李　白

登高丘，望远海。

六鳌骨已霜，三山流安在？

扶桑半摧折，白日沉光彩。

银台金阙如梦中，秦皇汉武空相待。

精卫费木石，鼋鼍无所凭。

君不见骊山茂陵尽灰灭，牧羊之子来攀登。

盗贼劫宝玉，精灵竟何能！

穷兵黩武今如此，鼎湖飞龙安可乘！

（中用"君不见"为冒头语。）

将进酒　　李　白

君不见黄河之水天上来，奔流到海不复回。

君不见高堂明镜悲白发，朝如青丝暮成雪。

人生得意须尽欢，莫使金樽空对月。

天生我材必有用，千金散尽还复来。

烹羊宰牛且为乐，会须一饮三百杯。

岑夫子，丹丘生，将进酒，杯莫停。

与君歌一曲，请君为我侧耳听。

钟鼎玉帛岂足贵！但愿长醉不愿醒！

古来圣贤皆寂寞，唯有饮者留其名。

陈王昔时宴平乐，斗酒十千恣欢谑。

主人何为言少钱，径须沽酒对君酌。

五花马，千金裘，呼儿将出换美酒，与尔同销万古愁。

（用两个"君不见"为冒头语。）

飞龙引 (其一)　　李　白

黄帝铸鼎于荆山，炼丹砂。

丹砂成黄金，骑龙飞上太清家。

云愁海思令人嗟。宫中彩女颜如花。

飘然挥手凌紫霞。从风纵体登鸾车。

登鸾车，侍轩辕。遨游青天中，其乐不可言。

各东西　　张　籍

游人别，一东复一西。

出门相背两不返，惟信车轮与马蹄。

道路悠悠不知处，山高海阔谁辛苦？

128

远游不定难寄书，日日空寻别时语。

浮云上天雨堕地，暂时会合终离异。

我今与子非一身，安得死生不相弃！

赋得北府酒　　谢　翱

北府酒，吹湿宫城柳。

柳枝着地春垂垂，只管人间新别离。

离情欲断江水语，女儿连臂歌白纻。

淮南神仙来酒坊，甲马猎猎羽林郎。

百年风物烟尘苍。老兵对月犹举觞。

青帘泪湿女墙下，曾识行军旧司马。

（七）错综杂言

所谓错综杂言，是指诗句的字数变化无端，除了七言、五言或三言之外，还有四言或六言的句子，甚至有达八九字以上者。错综杂言又可细分为两类，分说如下：

1. 仍以三五七言为主者。此类的格调仍与上面的五七杂言及三五七杂言相近似，例如：

夏冰歌　韦应物

出自玄泉杳杳之深井，汲在朱明赫赫之炎辰。

九天含露未销铄，阊阖初开赐贵人。

碎如坠琼方截璐，粉壁生寒象筵布。

玉壶纨扇亦玲珑，座有丽人色俱素。

咫尺炎凉变四时，出门焦灼君讵知？

肥羊甘醴心闷闷，饮此莹然何所思？

当念阑干凿者苦，腊月深井汗如雨。

飞龙引（其二）　李　白

鼎湖流水清且闲。轩辕去时有弓剑，古人传道留其间。

后宫婵娟多花颜，乘鸾飞烟亦不远。骑龙攀天造天关。

造天关，闻天语，长云河车载玉女。

载玉女，过紫皇。紫皇乃赐白兔所捣之药方。

后天而老彫三光。

下视瑶池见王母，蛾眉萧飒如秋霜。

北风行　李　白

烛龙栖寒门，光曜犹旦开。

日月照之何不及此？唯有北风号怒天上来。

130

燕山雪花大如席，片片吹落轩辕台。

幽州思妇十二月，停歌罢笑双蛾摧。

倚门望行人，念君长城苦寒良可哀。

别时提剑救边去，遗此虎纹金鞞靫。

中有一双白羽箭，蜘蛛结网生尘埃。

箭空在，人今战死不复回。

不忍见此物，焚之已成灰。

黄河捧土尚可塞，北风雨雪恨难裁。

入奏行赠西山检察使窦侍御　　杜　甫

窦侍御，骥之子，凤之雏。

年未三十忠义俱。骨鲠绝代无。

炯如一段清冰出万壑。置在迎风寒露之玉壶。

蔗浆归厨金碗冻，洗涤烦热足以宁君躯。

政用疏通合典则，戚联豪贵耽文儒。

兵革未息人未苏。天子亦念西南隅。

吐蕃凭陵气颇粗。窦氏检察应时须。

运粮绳桥壮士喜，斩木火井穷猿呼。

八州刺史思一战，三城守边却可图。

此行入奏计未小，密奉圣旨恩宜殊。

绣衣春当霄汉立，彩服日向庭闱趋。……

茅屋为秋风所破歌　　杜　甫

八月秋高风怒号，卷我屋上三重茅。

茅飞渡江洒江郊。高者挂罥长林梢，下者飘转沉塘坳。

南村群童欺我老无力，忍能对面为盗贼。

公然抱茅入竹去，唇焦口燥呼不得，归来倚杖自叹息。

俄顷风定云墨色，秋天漠漠向昏黑。

布衾多年冷似铁，骄儿恶卧踏里裂。

床头屋漏无干处，雨脚如麻未断绝。

自经丧乱少睡眠，长夜沾湿何由彻！

安得广厦千万间，大庇天下寒士俱欢颜，风雨不动安如山！

呜呼！何时眼前突兀见此屋？吾庐独破受冻死亦足！

王维吴道子画　　苏　轼

何处访吴画？普门与开元。

开元有东塔，摩诘留手痕。

吾观画品中，莫如二子尊。

道子实雄放，浩如海波翻。

当其下手风雨快，笔所未到气已吞。

亭亭双林间，彩晕扶桑暾。

中有至人谈寂灭，悲涕迷者手自扪。

蛮君鬼伯千万万，相排竞进头如鼋。

摩诘本诗老，佩芷袭芳荪。

今观此壁画，亦若其诗清且敦。

祇园弟子画鹤骨，心如死灰不复温。

门前两丛竹，雪节贯霜根。

交柯乱叶动无数，一一皆可寻其源。

吴生虽妙绝，犹以画工论。

摩诘得之于象外，有如仙翮谢笼樊。

吾观二子皆神骏，又于维也敛衽无间言。

2. 四六八言颇多者。此类很有散文的气息；如果不是用韵，有些部分简直就是散文。假使改为白话，简直就像民国初年所谓新诗，例如：

上云乐 李 白

金天之西，白日所没。

康老胡雏，生彼月窟。

巉岩容仪，戌削风骨。

碧王炅炅双目瞳，黄金拳拳两鬓红。

华盖垂下睫，嵩岳临上唇。

不睹诡谲貌，岂知造化神！

大道是文康之严父，元气乃文康之老亲。

抚顶弄盘古，推车转天轮。

云见日月初生时，铸冶火精与水银。

阳乌未出谷，顾兔半藏身。

女娲戏黄土，团作愚下人。

散在六合间，濛濛若沙尘。

生死了不尽，谁明此胡是仙真！

西海栽若木，东溟植扶桑。

别来几多时？枝叶万里长。

中国有七圣，半路颓洪荒。

陛下应运起，龙飞入咸阳。

赤眉立盆子，白水兴汉光。

叱咤四海动，洪涛为簸扬。

举足踏紫微，天关自开张。

老胡感至德，东来进仙倡。

五色师子，九苞凤凰。

是老胡鸡犬，鸣舞飞帝乡。

134

淋漓飒沓，进退成行。

能胡歌，献汉酒。

跪双膝，立两肘。

散花指天举素手。

拜龙颜，献圣寿。

北斗戾，南山摧。

天子九九八十一，万岁长倾万岁杯。

日出行　李 白

日出东方隈，似从地底来。

历天又入海，六龙所舍安在哉？

其始与终古不息，人非元气，安得与之久裴徊。

草不谢荣于春风，木不怨落于秋天。

谁挥鞭策驱四运，万物兴歇皆自然。

羲和，羲和！汝奚汩没于荒淫之波？

鲁阳何德，驻景挥戈？

逆道违天，矫诬实多。

吾将囊括大地，浩然与溟涬同科。

蜀道难　李　白

噫吁戏，危乎高哉！

蜀道之难，难于上青天！

蚕丛及鱼凫，开国何茫然！

尔来四万八千岁，不与秦塞通人烟。

西当太白有鸟道，可以横绝峨眉巅。

地崩山摧壮士死，然后天梯石栈相钩连。

上有六龙回日之高标，下有冲波逆折之回川。

黄鹤之飞尚不得过，猿猱欲渡愁攀援。

青泥何盘盘！百步九折萦岩峦。

扪参历井仰胁息，以手抚膺坐长叹。

问君西游何时还？畏途巉岩不可攀。

但见悲鸟号古木，雄飞雌从绕林间。

又闻子规啼夜月，愁空山。

蜀道之难，难于上青天。使人听此凋朱颜。

连峰去天不盈尺，枯松倒挂倚绝壁。

飞湍瀑流争喧豗，砯崖转石万壑雷。

其险也如此，嗟尔远道之人胡为乎来哉！

剑阁峥嵘而崔嵬，一夫当关，万夫莫开。

所守或匪亲，化为狼与豺。

136

朝避猛虎，夕避长蛇。

磨牙吮血，杀人如麻。

锦城虽云乐，不如早还家。

蜀道之难，难于上青天。侧身西望长咨嗟！

和关彦远秋风吹我衣　晁补之

海中群鱼化黄雀，林鸟移巢避岁恶。

邺王城上秋风惊。昔时城中邺王第，只今蔓草无人行。

但见黄河咆哮奔碣石，秋风吹滩起沙砾。

翩翩动衣裳，游子悲故乡。

忽忆若耶溪头采薪郑巨君。南风溪头晓，北风溪头昏。

一行作吏，此事便废。

梦中叶落，觉有归意。

归欤！归欤！吾党成斐然。

君今生二毛，我亦非少年。

胡为车如鸡栖邺城里？朝风吹马鬣，莫风吹马尾。

与人三岁居，如何连屋似千里？

我则不狂，曾谓我狂。

不吾知，亦何伤？安能户三尺喙家一吭！

人亦有言，人各有志。

吞若云梦者八九，长剑耿介倚天外。

有如陈仲举，庭宇亦不治。

吾今乃知贵不若贱无忧，富不若贫无求。

负日之燠吾重裘；芹子之饫吾食牛；

心战故臞，得道故肥，吾封侯！匹夫怀璧将谁尤？

归欤！归欤！岂无扬雄宅一区？

舍前青山木扶疏，舍后流水有菰蒲。

今吾不乐日月除，尺则不足寸有余。

七十二钻莫能免豫且。无所可用，乃有百岁椿。龚生竟
夭天年非吾徒。

以上由五七杂言至错综杂言，都是所谓长短句（或称长短诗）。我们对于长短句举例特别多；对于五言和七言举例很少。实际上，却是纯粹五言古风最为常见，纯粹七言古风次之，长短句比较罕见。多数的诗人都不大喜欢用长短句作古风，例如王维和孟浩然，本节里多举长短句的例子，因为纯粹五言和纯粹七言都有一定的形式，不必多举例而自明。至于长短句，何处宜长，何处宜短，颇有讲究，所以多举些例子，希望读者悟出若干道理来。大约在篇首用长短句的情形最为常见，篇末次之，中间又次之。至于长句和短句应该怎样衔接，

方得气畅，那是修辞上的事，不是本书里所应该讨论的。

二、古体诗的常见用韵①

古体诗的用韵，仍以用本韵较为常见。本韵的古风在唐人的古体诗中，大约可占过半数。现在分为平韵古风与仄韵古风，依次加以叙述：

（一）平韵古风

平韵的古风，当其押本韵的时候，所依照的韵部和近体诗完全相同。严格的时候可真严格，连险韵也不让它出韵，例如：

空灵山应田叟（用肴韵）　　常　建

湖南无村落，山舍多黄茅。淳朴如太古，其人居鸟巢。

牧童唱巴歌，野老亦献嘲。泊舟问溪口，言语皆哑咬。

土俗不尚农，岂暇论肥硗。莫徭射禽兽，浮客烹鱼鲛。

余亦采置人，获廪今尚苞。敬君中国来，愿以充其庖。

日入闻虎斗，空山满呕哮。怀人虽共安，异域终难交。

白水可洗心，采薇可为肴。曳杖背落日，江风鸣梢梢。

―――――――――

① 本节标题在王力《汉语诗律学》中为 "古体诗的用韵（上）——本韵"。——编者注

答裴丞说归京所献（用佳韵）　　韦应物

执事颇勤久，行去亦伤乖。家贫无童仆，吏卒升寝斋。

衣服藏内箧，药草曝前阶。谁复知次第，濩落且安排。

还期在岁晏，何以慰吾怀？

奉先张明府休沐还乡海亭宴集（用佳韵）　　孟浩然

自君理畿甸，予亦经江淮。万里书信断，数年云雨乖。

归来休浣日，始得赏心谐。朱绂恩虽重，沧洲趣每怀。

树低新舞阁，山对旧书斋。何以发秋兴？阴虫鸣夜堦。

奉赠张荆州（用咸韵）　　王昌龄

祝融之峰紫云衔，翠如何其雪崭岩。

邑西有路缘石壁，我欲从之卧穹嵌。

鱼有心兮脱网罟，江无人兮鸣枫杉。

王君飞舄仍未去，苏耽宅中意遥缄。

游朝阳岩遂登西亭二十韵（用肴韵）　　柳宗元

谪弃殊隐沦，登陟非远郊。所怀缓伊郁，讵欲肩夷巢？

高岩瞰清江，幽窟潜神蛟。开旷延阳景，回薄攒林梢。

西亭构其巅，反宇临呀庨。背瞻星辰兴，下见云雨交。

惜非吾乡土，得以荫菁茆。羁贯去江介，世仕尚函崤。

故墅即澧川，数亩均肥硗。台馆葺荒丘，池塘疏沉坳。

会有圭组恋，遂有山林嘲。薄躯尚无庸，琐屑剧斗筲。

囚居固其宜，厚羞久已包。庭除植蓬艾，隙牖悬蟏蛸。

所赖山川客，扁舟枉长梢。挹流敌清觞，掇野代嘉肴。

适道有高言，取乐非弦匏。逍遥屏幽昧，淡薄辞喧呶。

晨鸡不余欺，风雨闻嘐嘐。再期永日闲，提挈移中庖。

如果不是险韵，就更以押本韵为常了，例如：

送陆员外　王　维

郎署有伊人，居然古人风。天子顾河北，诏书除征东。

拜手辞上官，缓步出南宫。九河平原外，七国蓟门中。

阴风悲孤桑，古塞多飞蓬。万里不见虏，萧条胡地空。

无为费中国，更欲邀奇功。迟迟前相送，握手嗟异同。

行当封侯归，肯访商山翁。

（纯用东韵，不杂冬韵字）

东京寄万楚　李　颀

濩落久无用，隐身甘采薇。仍闻薄宦者，还事田家衣。

颖水日夜流，故人相见稀。春山不可望，黄鸟东南飞。

濯足岂长往？一樽聊可依。了然潭上月，适我胸中机。

在昔同门友，如今出处非。优游白虎殿，偃息青琐闱。

且有荐君表，当看携手归。寄书不待面，兰茝空芳菲。

（纯用微韵，不杂支、齐、佳、灰韵字）

题鹤林寺　綦毋潜

道林隐形胜，向背临层霄。松覆山殿冷，花藏溪路遥。

珊珊宝幡挂，焰焰明灯烧。迟日半空谷，春风连上潮。

少凭水木兴，暂令身心调。愿谢携手客，兹山禅诵饶。

（纯用萧韵字，不杂肴、豪韵字）

述韦昭应画犀牛　储光羲

遐方献文犀，万里随南金。大邦柔远人，以之居山林。

食棘无秋冬，绝流无浅深。双角前嶜嶜，三蹄下骎骎。

朝贤壮其容，未能辨其音。有我衰鸟郎，新邑长鸣琴。

陛阁飞嘉声，丘甸盈仁心。闲居命国工，作绘北堂阴。

眈眈若有神，庶比来仪禽。昔有舞天庭，为君奏龙吟。

（纯用侵韵，不杂覃、盐、咸韵字）

代扶风主人答　王昌龄

杀气凝不流，风悲日彩寒。浮埃起四远，游子弥不欢。

依然宿扶风，沽酒聊自宽。寸心亦未理，长铗谁能弹？

主人就我饮，对我还慨叹。便泣数行泪，因歌行路难。

十五役边地，三回讨楼兰。连年不解甲，积日无所餐。

将军降匈奴，国使没桑乾。去时三十万，独自还长安。

不信沙场苦，君看刀箭瘢。乡亲悉零落，冢墓亦摧残。

仰攀青松枝，恸绝伤心肝。禽兽悲不去，路傍谁忍看？

幸逢休明代，寰宇静波澜。老马思伏枥，长鸣力已殚。

少年与运会，何事发悲端？天子初封禅，贤良刷羽翰。

三边悉如此，否泰亦须观。

（纯用寒韵，不杂删、先韵字）

梦太白西峰　常建

梦寐升九崖，杳霭逢元君。遣我太白峰，寥寥辞垢氛。

结宇在星汉，宴林闭氤氲。檐楹覆余翠，巾舄生片云。

时往溪水间，孤亭昼仍曛。松峰引天影，石濑清霞文。

恬目缓舟趣，霁心投鸟群。春风又摇棹，潭岛花纷纷。

（纯用文韵，不杂真、元韵字）

143

入峡寄弟　　孟浩然

吾昔与尔辈，读书常闭门。未尝冒湍险，岂顾垂堂言？

自此历江湖，辛勤难具论。往来行旅弊，开凿禹功存。

壁立千峰峻，溱流万壑奔。我来凡几宿，无夕不闻猿。

浦上摇归恋，舟中失梦魂。泪沾明月峡，心断鹡鸰原。

离阔星难聚，秋深露已繁。因君下南楚，书此寄乡园。

（纯用元韵，不杂先、删韵字）

豫章行　　李白

胡风吹代马，北拥鲁阳关。吴兵照海雪，西讨何时还？

半渡上辽津，黄云惨无颜。老母与子别，呼天野草间。

白马绕旌旗，悲鸣相追攀。白杨秋草苦，早落豫章山。

本为休明人，斩虏素不闲。岂惜战斗死，为君扫凶顽？

精感石没羽，岂云悍险艰？楼船若鲸飞，波荡落星湾。

此曲不可奏，三军鬓成斑！

（纯用删韵，不杂寒、先韵字）

寄冯著　　韦应物

春雷起萌蛰，土壤日已疏。胡能遭盛明，才俊伏里闾？

偃仰遂真性，所求惟斗储。披衣出茅屋，盥漱临清渠。

144

吾道亦自适，退身保玄虚。幸无职事牵，且览案上书。

亲友各驰骛，谁当访敝庐？思君在何夕？明月照广除。

（纯用鱼韵，不杂虞韵字）

宋中遇林虑杨十七山人因而有别　　高　适

昔余涉漳水，驱车行邺西。遥见林虑山，苍苍戛天倪。

邂逅逢尔曹，说君彼岩栖。萝径垂野蔓，石房倚云梯。

秋韭何青青！药苗数百畦。栗林隘谷口，栝树森回溪。

耕耘有山田，纺绩有山妻。人生苟如此，何必组与珪？

谁谓远相访，曩情殊不迷！檐前举醇醪，灶下烹双鸡。

朔风忽振荡，昨夜寒螀啼。游子益思归，罢琴伤解携。

出门望原野，白日黯已低。始惊道路难，终念言笑暌。

因声谢岑壑，岁暮一攀跻。

（纯用齐韵，不杂支、微韵字）

陪章留后惠义寺饯嘉州崔都督赴州　　杜　甫

中军待上客，令肃事有恒。前驱入宝地，祖帐飘金绳。

南陌既留欢，兹山亦深登。清闻树杪磬，远谒云端僧。

回策匪新岸，所攀仍旧藤。耳激洞门飙，日存寒谷冰。

出尘网轨躅，毕景遗炎蒸。永愿坐长夏，将衰栖大乘。

羁旅惜宴会，艰难怀友朋。劳生共几何，离恨兼相仍。

（纯用蒸韵，不杂庚、青韵字）

桥陵诗三十韵因呈县内诸官　　杜　甫

先帝昔晏驾，兹山朝百灵。崇冈拥象设，沃野开天庭。

即事壮重险，论功超五丁。坡陀因厚地，却略罗峻屏。

云阙虚冉冉，风松肃泠泠。石门霜露白，玉殿莓苔青。

宫女晚知曙，祠官朝见星。空梁簇画栽，阴井敲铜瓶。

中使日夜继，惟王心不宁。岂徒恤备享？尚谓求无形。

孝理敦国政，神凝推道经。瑞芝产庙柱，好鸟鸣岩扃。

高岳前嶪崒，洪河左滢濙。金城蓄峻址，沙苑交回汀。

永与奥区固，川原纷眇冥。居然赤县立，台榭争岧亭。

官属果称是，声华真可听。王刘美竹润，裴李春兰馨。

郑氏才振古，啖侯笔不停。遣词必中律，利物常发硎。

绮绣相展转，琳琅愈青荧。侧闻鲁恭化，秉德崔瑗铭。

太史候凫影，王乔随鹤翎。朝仪限霄汉，客思回林坰。

辚轲辞下杜，飘飘陵浊泾。诸生旧短褐，旅泛一浮萍。

荒岁儿女瘦，暮途涕泗零。主人念老马，廨署容秋萤。

流寓理岂惬？穷愁醉未醒。何当摆俗累，浩荡乘沧溟！

（纯用青韵，不杂庚、蒸韵字。

146

按：此诗平仄似古风，对仗似排律）

读　书　　柳宗元

幽沉谢世事，俯默窥唐虞。上下观古今，起伏千万途。

遇欣或自笑，感戚亦以吁。缥帙各舒散，前后互相逾。

瘴疴扰灵府，日与往昔殊。临文乍了了，彻卷兀若无。

竟夕谁与言？但与竹素俱。倦极便倒卧，熟寐乃一苏。

欠伸展肢体，吟咏心自愉。得意适其适，非愿为世儒。

道尽即闭口，萧散损囚拘。巧者为我拙，智者为我愚。

书史足自悦，安用勤与劬？贵尔六尺躯，勿为名所驱！

（纯用虞韵，不杂鱼韵字）

（二）仄韵古风

　　因为近体诗以用平韵为原则，所以凡用仄韵的诗差不多都
是古风。上文第四小节"近体诗的用韵"里所提及的仄韵律绝
都是罕见的例外。仄韵古风如果系用本韵，仍旧是以《唐韵》
或《广韵》为标准，并且依照同用的规矩，也就等于以后代的
平水韵为标准。兹将上去入三声诸韵列举如下（括号内系《广
韵》的韵目）：

上 声

一 董（董） 二 肿（肿） 三 讲（讲）

四 纸（纸旨止） 五 尾（尾） 六 语（语）

七 麌（麌姥） 八 荠（荠） 九 蟹（蟹骇）

十 贿（贿海） 十一 轸（轸准） 十二 吻（吻隐）

十三 阮（阮混很） 十四 旱（旱缓） 十五 潸（潸产）

十六 铣（铣狝） 十七 篠（篠小） 十八 巧（巧）

十九 皓（皓） 二十 哿（哿果） 廿一 马（马）

廿二 养（养荡） 廿三 梗（梗耿静） 廿四 迥（迥拯等）

廿五 有（有厚黝） 廿六 寝（寝） 廿七 感（感敢）

廿八 俭（琰忝俨） 廿九 豏（豏槛范）

去 声

一 送（送） 二 宋（宋用） 三 绛（绛）

四 寘（寘至志） 五 未（未） 六 御（御）

七 遇（遇暮） 八 霁（霁祭） 九 泰（泰）

十 卦（卦怪夬） 十一 队（队代废） 十二 震（震稕）

十三 问（问焮） 十四 愿（愿恩恨） 十五 翰（翰换）

十六 谏（谏裥） 十七 霰（霰线） 十八 啸（啸笑）

十九 效（效） 二十 号（号） 廿一 箇（箇过）

148

廿二祃（祃）　　　廿三漾（漾宕）　　　廿四敬（敬净劲）

廿五径（径证嶝）　廿六宥（宥候幼）　　廿七沁（沁）

廿八勘（勘阚）　　廿九艳（艳桥酽）　　三十陷（陷鉴梵）

入　声

一　屋（屋）　　　　二　沃（沃烛）　　　三　觉（觉）

四　质（质术栉）　　五　物（物迄）　　　六　月（月没）

七　曷（曷末）　　　八　黠（黠镨）　　　九　屑（屑薛）

十　药（药铎）　　　十一陌（陌麦昔）　　十二锡（锡）

十三职（职德）　　　十四缉（缉）　　　　十五合（合盍）

十六葉（葉怗业）　　十七洽（洽狎乏）

　　仄韵虽然字数较少，但是纯用本韵的情形并不见得怎样少。像下面的一些韵，仍以用本韵为常（字下加·号者特别常见）：

上　声

四　纸·　　八　荠·　　十一轸　　十六铣　　十九皓·

二十哿　　廿一马·　　廿二养·　　廿五有·　　廿六寝

去　声

四　真　　八　霁　　十二震　　十七霰　　二十号

廿一箇　　廿二祃　　廿三漾　　廿六宥　　廿七沁

入　声

四　质　　六　月　　九　屑　　十　药　　十三职　　十四缉

现在就盛唐（偶及中唐）诗人的仄韵古风之纯用本韵者，举例如下：

林园即事寄舍弟纮　　王　维

寓目一萧散，销忧冀俄顷。青草肃澄波，白云移翠岭。

后沔通河渭，前山包鄢郢。松含风里声，花对池中影。

地多齐后疟，人带荆州瘿。徒思赤笔书，宁有丹砂井？

心悲常欲绝，发乱不能整。青簟日何长！闲门昼方静。

颓思茅檐下，弥伤好风景。

（纯用梗韵，不杂迥韵字。"郢、瘿、静"皆上声）

送宇文太守赴宣城　　王　维

寥落云外山，迢递舟中赏。铙吹发西江，秋空多山响。

地迥古城芜，月明寒潮广。时赛敬亭神，复解罟师网。
何处寄相思？南风吹五两。

（纯用养韵）

寻西山隐者不遇　　丘 为

绝顶一茅茨，直上三十里。扣关无僮仆，窥室唯案几。
若非巾柴车，应是钓秋水。差池不相见，黾勉空仰止。
草色新雨中，松声晚窗里。及兹契幽绝，自足荡心耳。
虽无宾主意，颇得清净理。兴尽方下山，何必待之子？

（纯用纸韵，不杂尾、荠韵字）

赠轻车　　崔 颢

悠悠远行归，经春涉长道。幽冀桑始青，洛阳蚕欲老。
忆昨戎马地，别时心草草。烽火从北来，边城闭常早。
平生少相遇，未得展怀抱。今日杯酒间，见君交情好。

（纯用皓韵，不杂巧、篠韵字。"道、抱"皆上声）

游天竺寺　　崔 颢

晨登天竺山，山殿朝阳晓。厓泉争喷薄，江岫相萦绕。
直上孤顶高，平看众峰小。南州十二月，地暖冰雪少。

151

青翠满寒山，藤萝覆冬沼。花龛瀑布侧，青壁石林杪。

鸣钟集人天，施饭聚猿鸟。洗意归清净，澄心悟空了。

始知世上人，万物一何扰？

（纯用篠韵。"绕"字上声）

望鸣皋山白云寄洛阳卢主簿　李 颀

饮马伊水中，白云鸣皋上。氛氲山绝顶，行子时一望。

照日龙虎姿，攒空冰雪状。蓊嵷殊未已，峻嶒忽相向。

皎皎横绿林，霏霏澹青嶂。远映村更失，孤高鹤来傍。

胜气欣有逢，仙游且难访。故人吏京剧，每事多闲放。

室画峨眉峰，心格洞庭浪。惜哉清兴里，不见予所尚。

（纯用漾韵。"访"字去声）

谒张果先生　李 颀

先生谷神者，甲子焉能计！自说轩辕师，于今几千岁。

寓游城郭里，浪迹希夷际。应物云无心，逢时舟不系。

餐霞断火粒，野服兼荷制。白雪净肌肤，青松养身世。

韬精殊豹隐，炼骨同蝉蜕。忽去不知谁，偶来宁有契？

二仪齐寿考，六合随休憩。彭聃犹婴孩，松期且微细。

尝闻穆天子，更忆汉皇帝。亲屈万乘尊，将穷四海裔。

152

车徒遍草木，锦帛招谈说。八骏空往还，三山转亏蔽。

吾君感至德，玄老欣来诣。受箓金殿开，清斋玉堂闭。

笙歌迎拜首，羽帐崇严卫。禁柳垂香炉，宫花拂仙袂。

祈年宝祚广，致福苍生惠。何必待龙髯，鼎成方取济？

（纯用霁韵，不杂至、未、泰、卦、队韵字。

"说"音"税"，去声）

同王十三维偶然作十首（录二）　　储光羲

空山暮雨来，众鸟竟栖息。斯须照夕阳，双双复抚翼。

我念天时好，东田有稼穑。浮云蔽川原，新流集沟洫。

裴回顾衡宇，童仆邀我食。卧览床头书，睡看机中织。

想见明膏煎，中夜起唧唧。

（纯用职韵，不杂陌、锡韵字）

四邻竞丰屋，我独好卑室。窈窕高台中，时闻抚新瑟。

狂飙动地起，拔木乃非一。相顾始知悲，中心忧且栗。

蚩蚩命子弟，恨不居高秩。日入宾从归，清晨冠盖出。

中庭有奇树，荣早衰复疾。此道犹不知，微言安可述！

（纯用质韵，不杂物韵字）

153

田家杂兴八首（录二）　　储光羲

平生养情性，不复计忧乐。去家行卖畚，留滞南阳郭。

秋至黍苗黄，无人可刈获。稚子朝未饭，把竿逐鸟雀。

忽见梁将军，乘车出宛洛。意气轶道路，光辉满墟落。

安知负薪者，咥咥笑轻薄。

（纯用药韵）

梧桐荫我门，薜荔网我屋。迢迢两夫妇，朝出暮还宿。

稼穑既自种，牛羊还自牧。日旰懒耕锄，登高望川陆。

空山足禽兽，墟落多乔木。白马谁家儿，联翩相驰逐？

（纯用屋韵，不杂沃韵字）

郑县宿陶太公馆中赠冯六元二　　王昌龄

儒有轻王侯，脱略当世务。本家蓝田下，非为渔弋故。

无何困躬耕，且欲驰永路。幽居与君近，出谷同所骛。

昨日辞石门，五年变秋露。云龙未相感，干谒亦已屡。

子为黄绶羁，余忝蓬山顾。京门望西岳，百里见郊树。

飞雨祠上来，霭然关中暮。驱车郑城宿，秉烛论往素。

日月出华阴，开此河渚雾。清光比故人，豁达展心晤。

冯公尚戢翼，元子仍蹐步。拂衣易为高，沦迹难有趣。

张范善终始，吾等岂不慕？罢酒当凉风，屈伸备冥数。

（纯用遇韵，不杂御韵字。"屡"字去声）

同从弟销南斋玩月忆山阴崔少府　　王昌龄

高卧南斋时，开帷月初吐。清辉淡水木，演漾在窗户。
苒苒几盈虚，澄澄变今古。美人清江畔，是夜越吟苦。
千里其如何？微风吹兰杜。

（纯用麌韵，在《广韵》属姥韵，不杂语韵字。

"吐、户、杜"皆上声）

送任五之桂林　　王昌龄

楚客醉孤舟，越水将引棹。山为两乡别，月带千里貌。
羁谴同缯纶，幽僻问虎豹。桂林寒色在，苦节知所效。

（纯用效韵，不杂啸、号韵字。注意：效乃险韵）

昭君墓　　常　建

汉宫岂不死？异域伤独没。万里驮黄金，蛾眉为枯骨。
回车夜出塞，立马皆不发。共恨丹青人，坟上哭明月。

（纯用月韵，不杂物、屑韵字）

古塞下曲　　陶　翰

进军飞狐北，穷寇势将变。日落沙尘昏，背河更一战。

驺马黄金勒，雕弓白羽箭。射杀左贤王，归奏未央殿。

欲言塞下事，天子不召见。东出咸阳门，哀哀泪如霰。

（纯用霰韵，不杂愿、谏韵字）

晚出伊阙寄河南裴中丞　　陶　翰

退无偃息资，进无当代策。冉冉时将暮，坐为周南客。

前登关塞门，永眺伊城陌。长川黯已空，千里寒气白。

家本渭水西，异日同所适。秉志师禽尚，微言祖《庄》《易》。

一辞林壑间，共系风尘役。交朋忽先进，天道何纷剧！

岂念嘉遁时，依依偶沮溺！

（纯用陌韵，不杂锡、职韵字）

仙游寺　　李　华

舍事入樵径，云木深谷口。万壑移晦明，千峰转前后。

嶷然龙潭上，石势若奔走。开拆秋天光，崩腾夏雷吼。

灵溪自兹去，纤直互纷纠。听声静复喧，望色无更有。

冥冥翠微下，高殿映杉柳。滴滴洞穴中，悬泉响相扣。

昔时秦王女，羽化年代久。日暮松风来，箫声生左右。

156

早窥神仙箓，愿结芝术友。安得羡门方，青囊系吾肘？

（纯用有韵。"后、纠、扣、右"皆上声）

秋宵月下有怀　　孟浩然

秋空明月悬，光彩露沾湿。惊鹊栖未定，飞萤卷帘入。
庭槐寒影疏，邻杵夜声急。佳期旷何许？望望空伫立！

（纯用缉韵，不杂合、葉、洽韵字）

送辛大之鄂渚不及　　孟浩然

送君不相见，日暮独愁绪。江上空裴回，天边迷处所。
郡邑经樊邓，山河入嵩汝。蒲轮去渐遥，石径徒延伫。

（纯用语韵，不杂麌韵字。"绪、伫"皆上声）

宴包二融宅　　孟浩然

闲居枕清洛，左右接大野。门庭无杂宾，车辙多长者。
是时方盛夏，风物自潇洒。五日休沐归，相携竹林下。
开襟成欢趣，对酒不能罢。烟暝栖鸟迷，余将归白社。

（纯用马韵。"社"字上声。"下"字亦上声，俗云
"下"字用为动词读上声，用为方位词则读去声，唐以前
无此分别。"罢"字本属蟹韵，唐人又读入马韵，上声）

宿业师山房期丁大不至　孟浩然

夕阳度西岭，群壑倏已暝。松月生夜凉，风泉满清听。

樵人归欲尽，烟鸟栖初定。之子期宿来，孤琴候萝径。

（纯用径韵，不杂敬韵字）

岁暮海上作　孟浩然

仲尼既云没，余亦浮于海。昏见斗柄回，方知岁星改。

虚舟任所适，垂钓非有待。为问乘槎人，沧洲复谁在？

（纯用贿韵，在《广韵》属海韵。"待、在"皆上声）

早发渔浦潭　孟浩然

东旭早光芒，渚禽已惊聒。卧闻渔浦口，桡声暗相拨。

日出气象分，始知江湖阔。美人常晏起，照影弄流沫。

饮水畏惊猿，祭鱼时见獭。舟行自无闷，况值晴景豁。

（纯用曷韵，不杂月、屑、黠韵字。"獭"字有曷、黠两读）

古　风（录二）　李　白

太白何苍苍！星辰上森列。去天三百里，邈尔与世绝。

中有绿发翁，披云卧松雪。不笑亦不语，冥栖在岩穴。

我来逢真人，长跪问宝诀。粲然启玉齿，授以炼药说。

158

铭骨传其语，竦身已电灭。仰望不可及，苍然五情热。

吾将营丹砂，永与世人别。

（纯用屑韵，不杂月、黠韵字）

秋露白如玉，团团下庭绿。我行忽见之，寒早悲岁促。

人生鸟过目，胡乃自结束。景公一何愚！牛山泪相续！

物苦不知足，得陇又望蜀。人心若波澜，世路有屈曲。

三万六千日，夜夜当秉烛。

（纯用沃韵，在《广韵》属烛韵，不杂屋韵字。

"目"字在出句末字，可认为不入韵；

亦可认为因系出句而通融，用邻韵）

狄明府　杜　甫

梁公曾孙我姨弟，不见十年官济济。

大贤之后竟陵迟，浩荡古今同一体。

比看叔伯四十人，有才无命百寮底。

今者兄弟一百人，几人卓绝秉周礼？

在汝更用文章为，长兄白眉复天启。

汝门请从曾翁说，太后当朝多巧诋。

狄公执政在末年，浊河终不污清济。

国嗣初将付诸武，公独廷诤守丹墀。

禁中决册请房陵，前朝长老皆流涕。

太宗社稷一朝正，汉官威仪重昭洗。

时危始识不世才，谁谓荼苦甘如荠。

汝曹又宜列土食，身使门户多旌棨。

胡为漂泊岷汉间，干谒王侯颇历抵？

况乃山高水有波，秋风萧萧露泥泥！

虎之饥下巉岩，蛟之横出清泚。

早归来！黄土泥衣眼易眯！

（纯用荠韵，不杂纸、尾韵字。"济、墀、涕"皆上声。泥泥，亦作"蒞蒞"，读上声）

和州送钱侍御　刘禹锡

五彩绣衣裳，当年正相称。春风旧关路，归去真多兴。

兰陔行可采，莲府犹回瞪。杨家绀幰迎，谢守瑶华赠。

御街草泛滟，台柏烟含凝。曾是平生游，无因理归乘。

（纯用证韵，不杂敬、径韵字。今诗韵以证韵并入径韵，误。

"凝"字在这里读去声。"称、乘"依字义本当读去声）

由上面所举诸例看来，已经足够证明仄韵古风纯用本韵的

160

情形并不比平韵为少。尤其是仄韵字数较少，能不出韵，更是难得。譬如上面所举的王昌龄《送任五之桂林》、孟浩然《宿业师山房》、刘禹锡《和州送钱侍御》，所用的效韵、径韵和证韵都是险韵（径、证韵的平声"青、蒸"是窄韵，径、证韵字比平声更少，所以是险韵），孟浩然《送辛大》和李白《古风》所用的语韵和沃韵都是窄韵，险的和窄的都不轻易出韵，其余可想而知。又有些地方，连同用都不屑用，而完全依照唐韵的韵部，例如王昌龄《同从弟销南斋玩月》用姥韵，不与虞同用；孟浩然《岁暮海上作》用海韵，不与贿同用；李白《古风》用烛韵，不与沃同用。这虽也许是出于偶然，但是撮口与合口不同用，合口与开口不同用，也可以见得诗人们非常注意声韵的谐和了。

三、古体诗的对仗

古风和律诗有一个大不相同之点，就是律诗必须对仗，而古风可以不用对仗。事实上，有些古风是全篇不用对仗的，例如：

秋夜独坐怀内弟崔兴宗　　王　维

夜静群动息，蟋蟀声悠悠。庭槐北风响，日夕方高秋。

思子整羽翮，及时当云浮。吾生将白首，岁晏思沧州。
高足在旦暮，肯为南亩俦。

新婚别　杜　甫

兔丝附蓬麻，引蔓故不长。嫁女与征夫，不如弃路旁。
结发为妻子，席不暖君床。暮婚晨告别，无乃太匆忙。
君行虽不远，守边赴河阳。妾身未分明，何以拜姑嫜？
父母养我时，日夜令我藏。生女有所归，鸡狗亦得将。
君今往死地，沉痛迫中肠。誓欲随君去，形势反苍黄。
勿为新婚念，努力事戎行。妇人在军中，兵气恐不扬。
自嗟贫家女，久致罗襦裳。罗襦不复施，对君洗红妆。
仰视百鸟飞，大小必双翔。人事多错迕，与君永相望。

酬司门卢四兄云夫院长望秋作　韩　愈

长安雨洗新秋出，极目寒镜开尘函。
终南晓望踏龙尾，倚天更觉青巉巉。
自知短浅无所补，从事久此穿朝衫。
归来得便即游览，暂似壮马脱重衔。
曲江荷花盖十里，江湖生目思莫缄。
乐游下瞩无远近，绿槐萍合不可芟。

162

白首寓居谁借问？平地寸步局云岩。

云夫老兄有狂气，嗜好与俗殊酸咸。

日来省我不肯去，论诗说赋相讕讕。

望秋一章已惊绝，犹言低抑避谤谗。

若使乘酣骋雄怪，造化何以当镌劖。

嗟我小生值强伴，怯胆变勇神明鉴。

驰坑跨谷终未悔，为利而止真贪馋。

高揖群公谢名誉，远追甫白感至诚。

楼头完月不共宿，其奈就缺行攟撍。

　　自杜、韩以后，一韵到底的七古总以完全不用对仗为原则。至于五古和转韵七古，就有些地方是对仗的了。本来，古诗虽不拘对仗，却也不避对仗。正如上文导言里所说，《诗经》里就有了对仗，古代散文也有对仗，古体诗当然没有避免对仗的必要。恰恰相反，有时候对仗可以增加一种整齐的美。大致说来，对仗和平仄的入律成为平行的发展：越是入律或似律的古风，越是多用对仗；越是平仄仿古，越是少用对仗。五古继承齐梁的遗绪，所以多数诗人喜欢在五古里用对仗；转韵七古也是齐梁的遗风，所以对仗也常见。只有一韵到底的七古是一种新兴而又仿古的诗体，所以不大用对仗。总之，古风里对仗的有无或多少，仍旧是新式和仿古两大潮流的分别。

要明白律句和对仗的密切关系，只要把杜甫的《湖城东遇孟云卿复归刘颢宅宿宴饮散因为醉歌》一诗仔细分析，就可以恍然大悟。（本诗中律联以·为记，律句以。为记）

湖城东遇孟云卿复归刘颢宅宿宴饮散
因为醉歌　　杜　甫

疾风吹尘暗河县，行子隔手不相见。

湖城城南一开眼，驻马偶识云卿面。

向非刘颢为地主，懒回鞭辔成高宴。

刘侯叹我携客来，置酒张灯促华馔。

且将款曲终今夕，休语艰难尚酣战。

照室红炉促曙光，萦窗素月垂文练。

天开地裂长安陌，寒尽春生洛阳殿。

岂知驱车复同轨？可惜刻漏随更箭。

人生会合不可常，庭树鸡鸣泪如霰。

杜甫这诗，律句较多，因此对仗也较多。尤其是有一点值得注意：凡用律联的地方也就是用对仗的地方。现在再举苏轼的一首诗为例：

龟山辩才师　　苏　轼

此生念念浮云改（a），寄语长准今好在（b）。

故人宴坐虹梁南（A'），新河巧出龟山背（a）。

木鱼呼客振林莽（a'），铁凤横空飞彩绘（b'）。

忽惊堂宇变雄深（A），坐觉风雷生礨砢（b）。

羡师游戏浮沤间（A'），笑我荣枯弹指内（b）。

尝茶看画亦不恶（c），问法求诗了无碍（b'）。

千里孤帆又独来（B），五年一梦谁相对（a）？

何当来世结香火（a'），永与名山躬井硙（b）！

　　这一首诗首联和尾联不用对仗，其余各联都用对仗，宛然一首七言排律。再就平仄而论，除"尝茶"一句外，其余都是入律或似律的句子，可以证明对仗和律句的密切关系。我们之所以不索性认为排律者，因为：诗中多有拗粘拗对；平仄未完全合律；用仄韵。然而它毕竟是律古之间的东西。

　　上文我们说，自杜、韩以后，一韵到底的七古总以完全不用对仗为原则；现在上文举出的一首一韵到底的七古却是完全用对仗的，似乎自相矛盾。但是，像苏轼这首诗只是罕见的例外，它是属于新式的古风；而大多数一韵到底的七古却是仿古的一派。同是一个诗人，时而仿古，时而随俗，并不相妨。除刘长卿完全用新式，孟郊、韩愈完全用古式之外，其余各家的诗集中，仿古的古风和新式的古风往往同时存在。由此看来，诗体本可分为四种：新式之律、古式之律、新式之古、古式之古。世俗只分为律古两种，实未尽善，我们现在只要心知其意，也不必显然把它们分为四类了。

律诗的对仗，中两联为必需的，首联为随意的（五律首联多用对仗，七律罕用），尾联则以不用为原则。古风的对仗却没有一定的位置。大约尾联仍以不用对仗为原则，这样可以表示一篇的终结；其余各联，对与不对，极为自由。这是所谓"行乎其所不得不行，止乎其所不得不止"，并不受任何拘束，例如：

古　风（其十一）　　李　白

黄河走东溟，白日落西海。逝川与流光，飘忽不相待。

春容舍我去，秋发已衰改。人生非寒松，年貌岂长在？

吾当乘云螭，吸景驻光彩。

古　风（其三十）　　李　白

玄风变太古，道丧无时还。扰扰季叶人，鸡鸣趋四关。

但识金马门，谁知蓬莱山？白首死罗绮，笑歌无时闲。

绿酒哂丹液，青蛾凋素颜。大儒挥金椎，琢之诗礼间。
苍苍三珠树，冥冥焉能攀？

水会渡　杜　甫

山行有常程，中夜尚未安。微月没已久，崖倾路何难！
大江动我前，汹若溟渤宽。篙师暗理楫，歌笑轻波澜。
霜浓木石滑，风急手足寒。入舟已千忧，陟巘仍万盘。
回眺积水外，始知众星干。远游令人瘦，衰疾惭加餐。

行子苦风泊来舟贻潘少府　王昌龄

行子苦风潮，维舟未能发。宵分卷前幔，卧视清秋月。
四泽蒹葭深，中洲烟火绝。苍苍水雾起，落落疏星没。
所遇尽渔樵，与言多楚越。其如念极浦，又以思明哲。
常若千里余，况之异乡别！

　此诗句子皆入律或似律，无拗粘拗对，故用对仗特多。

仲春晚寻覆釜山　钱　起

胡蝶弄和风，飞花不知晚。王孙寻芳草，步步忘路远。
况我爱青山，涉趣皆浮践！萦回必中路，阴晦阳复显。

古岸生新泉，霞峰映雪巘。交枝花色异，奇石云根浅。
碧洞志忘归，紫云行可搴。方嗤嵇叔夜，林卧方沉湎。

夜出偏门还三山 陆 游

月行南斗边，人归西郊路。水风吹葛衣，草露湿芒屦。
渔歌起远汀，鬼火出破墓。凄清醒醉魂，荒怪入诗句。
到家夜已半，伫立叩蓬户。稚子犹读书，一笑慰迟暮。

寄圣俞 欧阳修

凌晨有客至自西，为问诗老来何稽？

京师车马曜朝日，何用扰扰随轮蹄！

面颜憔悴暗坐土，文字光彩垂虹霓。

空肠时如秋蚓叫，苦调或作寒蝉嘶。

语言虽巧身事拙，捷径耻蹈行非迷。

我今俸禄饱余剩，念子朝夕勤盐齑。

舟行每欲载米送，汴水六月干无泥。

乃知此事尚难必，何况仕路如天梯？

朝廷乐善得贤众，台阁俊彦联簪犀。

朝阳鸣凤为时出，一枝岂惜容其栖！

古来磊落材与知，穷达有命理莫齐。

悠悠百年一瞬息，俯仰天地身醯鸡。

其间得失安足校？况与鳬鹭争稊稗！

忆在洛阳年各少，对花把酒倾玻璃。

二十年间几人在？在者忧患多乖暌。

我今三载病不饮，眼眵不辨骊与骊。

壮志销尽忆闲处，生计易足才蔬畦。

优游琴酒逐渔钓，上下林壑相攀跻。

及身强健始为乐，莫待衰病须扶携。

行当买田清颍上，与子相伴把锄犁。

全诗共四十句，仅有三联用对仗，其中如"优游"一联犹在似对非对之间。此乃一韵到底的七古的正则。

只有转韵七古的对仗，其位置比较固定。尤其是四句一换韵的七古，不用对仗则已，若用对仗，总在每韵的第二联。因为每韵的首句往往入韵，颇不宜于对仗，例如：

江楼送太康郭主簿赴岭南　　刘长卿

对酒怜君安可论？当官爱士如平原。

料钱用尽却为谤，食客空多谁报恩？

万里孤舟向南越，苍梧云中暮帆灭。

树色应无江北秋，天涯尚见淮阳月。

驿路南随桂水流，猨声不绝到炎州。

青山落日那堪望，谁见思君江上楼？

末联因系终篇，所以不用对仗。

律诗的对仗，唯求其工；古风的对仗，唯求其拙。除了入律的古风颇喜欢用工对外，在一般古体诗里，诗人们几乎可说是有意造成古拙的骈语。关于属对的范畴，古风比律诗宽得多。如果拿律诗的眼光看来，有些地方简直是对得太勉强了。这些"勉强"的对仗，大约可分为四类：

（一）完全不伦不类的事物也用为对仗，例如：

鸷鸟立寒木，丈夫佩吴钩。（王昌龄《九江口作》）

为客成白首，入门嗟布衣。（郎士元《赠万生下第》）

主人炊新粒，行子充夜饥。（岑参《宿华阴东郭客舍》）

赤心报国无片赏，白首还家有几人？（刘长卿《疲兵篇》）

枥上看时独意气，众中牵出偏雄豪。（岑参《卫节度赤骠马歌》）

紫盖连延接天柱，石廪腾掷堆祝融。（韩愈《谒衡岳庙》）

170

（二）以主从仂语与等立仂语为对，例如（等立用·号，主从用△号）：

　　及自登枢要，何曾问布衣？（杨贲《感兴》）

　　衣冠半是征战士，穷儒浪作林泉民。（李白《少年行》）

　　行人刁斗风沙暗，公主琵琶幽怨多。（李颀《古从军行》）

　　浔阳北望鸿雁回，湓水东流客心醉。（李颀《送从弟游江淮》）

　　闻道轻生能击虏，何嗟少壮不封侯。（钱起《送崔校书从军》）

（三）双字仂语中，一字对得极工，另一字极勉强，例如（工者用·号，不工者用△号）：

　　偶同静者来，正值高云闲。（欧阳詹《同诸公过福先寺》）

　　中酒朝眠日色高，弹棋夜半灯花落。（岑参《与独孤渐道别》）

171

别马连嘶出御沟，家人几夜望刀头？（钱起《送崔校书从军》）

燕南春草伤心色，蓟北黄云满眼愁。（同上）

（四）句中自对而又两句相对。这本是律诗里所容许的对仗法，但是它在古风里更显得随便，标准更宽，往往以名词与形容词相对，或与动词相对，例如（名词用·号，形容词或动词用△号）：

高论动侯伯，疏怀脱尘喧。（韦应物《送李十四》）

肃穆庙堂上，深沉节制雄。（高适《李云南征蛮诗》）

寓游城郭里，浪迹希夷际。（李颀《谒张果先生》）

纷纷对寂寞，往往落衣巾。（刘眘虚《寄阎防》）

晓碧流视听，夕清濯衣袍。（孟郊《立德新居》）

为于仁义得，未觉登涉劳。（同上）

另一种拙对是半对半不对。这又可以细分为三类：上半对，下半不对；下半对，上半不对；中间对，两头不对。现在分别叙述于下：

（一）上半对，下半不对，往往是韵脚的关系。末字因为

172

要押韵，所以对仗难工。在律诗里，诗人往往先决定韵脚，然后选择出句的末字，务求其对仗工稳；在古风里则不然，诗人听其自然，不加修饰，所以弄到下一半不成对仗。最显明的例子是每字都对，只剩末字不对，像崔颢的《古游侠》的"杀人辽水上，走马渔阳归"。其次则是只剩末两字不对，像刘长卿的《自番阳还道中》的"元气连洞庭，夕阳落波上"。而最普通的例子却是：

五言上二字相对，下三字不对；

七言上四字相对，下三字不对。

现在试举出一些例子：

发白还更黑，身轻行若风。（李颀《赠苏明府》）

迟日半云谷，春风连上潮。（綦毋潜《题鹤林寺》）

出处暂为间，浮沉安系哉！（卢象《送綦毋潜》）

湘水流入海，楚云千里心。（常建《潭州留别》）

黄叶落不尽，苍苔随雨生。（卢纶《送顾秘书献书后》）

男儿在世无产业，行子出门如转蓬。（李颀《欲之新乡》）

寒风卷叶度溏沱，飞云布地悲峨峨。（同上）

郑国游人未及家，洛阳行子空叹息。（李颀《送陈章甫》）

宅中歌笑日纷纷，门外车马如云屯。（高适《邯郸少年行》）

玉京迢迢几千里，凤笙去去无穷已。（李白《凤吹笙曲》）

我向淮南攀桂枝，君留洛北愁梦思。（李白《忆旧游》）

赤霄悬圃须往来，翠尾金花不辞辱。（杜甫《赤霄行》）

英雄割据虽已矣，文彩风流今尚存。（杜甫《丹青引》）

金印煌煌未入手，白发种种来无情。（陆游《长歌行》）

"寒风、宅中、玉京、我向"诸联，因为出句入韵，尤以半对半不对为常。七律也有这个规矩。

七古偶然也只有两个字相对，这是最贫乏的对仗，例如：

剑峰可惜空用尽，马蹄无事今已穿。（岑参《送费子归武昌》）

北雁初回江燕飞，南湖春暖著春衣。（韩翃《送中兄典邵州》）

万年枝影转斜光，三道先成君激昂。（韩翃《别氾水

县尉》）

昔骑天子大宛马，今乘款段诸侯门。（李白《江夏赠
韦南陵冰》）

（二）下半对，上半不对，并非受了韵脚的影响，所以
比较少见。七古中，下五字相对如李颀《送陈章甫》的"醉卧
不知白日暮，有时空望孤云高"尤为罕见，因为既能用五字相
对，就不妨索性用七字相对了。最普通的情形是：

五言上二字不对，下三字相对；

七言上四字不对，下三字相对。

现在试举出一些例子：

德与形神峻，孰知天地遥？（张说《同群公秋登琴台》）

悠悠孤峰顶，日见三花春。（王昌龄《寄焦炼师》）

空山何窈窕！三秀日氤氲。（李颀《送暨道士还玉清观》）

画图麒麟阁，朝入明光宫。（高适《塞下曲》）

邀人傅脂粉，不自著罗衣。（王维《西施咏》）

巾车云路入，理棹瑶溪行。（储光羲《游茅山》）

居闲好芝术，采药来城市。（孟浩然《王迵见访》）

少年弄文墨，属意在章句。（孟浩然《南归阻雪》）

175

头陀云月多僧气，山水何曾称人意？（李白《江夏赠韦南陵冰》）

粉墙丹桂动光彩，鬼物图画填青红。（韩愈《谒衡岳庙》）

伯熙奉诏每有作，礧砢相并将无惭。（虞集《题旦景初金司画》）

（三）中间对，两头不对，这种情形更少。所谓中间对，往往只有两个字；但是看它们的对仗是那样工整，却绝对不会是出于偶然，例如：

今朝平津邸，兼得潇湘游。（郎士元《题刘相公三湘图》）

向来皓首惊万人，自倚红颜能骑射。（杜甫《醉为马坠》）

高秋八月归南楚，东门一壶聊出祖。（岑参《送费子归武昌》）

及身强健始为乐，莫待衰病须扶携。（欧阳修《寄圣俞》）

此外，还有意对词不对，如杜甫《锦树行》"五陵豪贵反颠倒，乡里小儿狐白裘"。这更是拙中之拙。

同字相对也是最古拙的骈语。在《古诗十九首》里，同字相对有如下诸例：

昔为倡家女，今为荡子妇。

兔丝生有时，夫妇会有宜。

去者日以疏，来者日以亲。

古墓犁为田，松柏摧为薪。

相去日已远，衣带日已缓。

三五明月满，四五蟾兔缺。

上言长相思，下言久离别。

著以长相思，缘以结不解。

"昔为、去者"两联是完全的对仗；"兔丝、古墓、三五、上言"诸联是主从仂语与等立仂语相对；"相去、著以"两联是半对半不对。

唐人的古风里，大量地运用这种对仗法，因为这正是古风之所以别于律诗的一个特征，例如：

（一）五　古

1. 同一字者

宁栖野树林，宁饮涧水流。（王维《献始兴公》）

大牛隐层坂，小牛穿近林。（储光羲《牧童词》）

一山尽天苑，一峰开道宫。（储光羲《述降圣观》）

虎豹对我蹲，鸳鸯傍我飞。（储光羲《杂诗》）

下有枯树根，上有鼯鼠窠。（王昌龄《长歌行》）

能使江月白，又令江水深。（常建《江上琴兴》）

沤纻为缊袍，折麻为长缨。（常建《渔浦》）

一射百马倒，再射万夫开。（颜真卿《赠裴将军》）

岱马不思越，越禽不恋燕。（李白《古风》）

攀天莫登龙，走山莫骑虎。（李白《箜篌谣》）

存者无消息，死者委尘泥。（杜甫《无家别》）

魂来枫林青，魂去关塞黑。（杜甫《梦李白》）

射人先射马，擒贼先擒王。（杜甫《前出塞》）

2. 同二字者

摘取芙蓉花，莫摘芙蓉叶。（王昌龄《越女》）

徘徊双峰下，惆怅双峰月。（刘长卿《宿双峰寺》）

吏呼一何怒！妇啼一何苦！（杜甫《石壕吏》）

朝行青泥上，暮在青泥中。（杜甫《泥功山》）

贤有不黔突，圣有不暖席。（杜甫《发同谷县》）

3. 同三字者

但见万里天，不见万里道。（孟云卿《古别离》）

在山泉水清，出山泉水浊。（杜甫《佳人》）

甚愧丈人厚，甚知丈人真。（杜甫《奉赠韦左丞丈》）

高者未必贤，下者未必愚。（白居易《涧底松》）

分不两相守，恨不两相思。（元稹《古决绝词》）

4. 同四字者

朝亦常苦饥，暮亦常苦饥。（孟云卿《悲哉行》）

（二）七　古

1. 同一字者

此时惜别讵堪闻？此地相看未忍分。（李白《凤吹笙曲》）

大儿学问止《论语》，小儿结束随商旅。（杜甫《最能行》）

鲁人皆解带弓箭，齐人不复闻萧韶。（刘禹锡《平齐行》）

郢人斤斫无痕迹，仙人衣裳弃刀尺。（刘禹锡《翰林白二十二学士》）

郊庙登歌赞君美，乐府艳词悦君意。（白居易《采诗官》）

君耳唯闻堂上言，君眼不见门前事。（同上）

十一把镜学点妆，十二抽针能绣裳。（白居易《简简吟》）

黄鸡催晓丑时鸣，白日催年酉前没。（白居易《醉歌》）

2. 同二字者

　　苦竹岭头秋月辉，苦竹南枝鹧鸪啼。（李白《山鹧鸪词》）

　　有身莫犯飞龙鳞，有手莫辮猛虎须。（李白《对雪醉后》）

　　二十有九即帝位，三十有五致太平。（白居易《七德舞》）

　　贪吏害民无所忌，奸臣蔽君无所畏。（白居易《采诗官》）

　　不根而生从意生，不笋而成由笔成。（白居易《画竹歌》）

　　妾年四十丝满头，郎年五十封公侯。（陈羽《古意》）

　　伶伦以之正音律，轩辕以之调元气。（李贺《苦篁调啸引》）

　　君言似曲屈如钩，君言好直舒为箭。（元稹《胡旋女》）

3. 同三字者

　　先生有道出羲皇，先生有才过屈宋。（杜甫《醉时歌》）

遂州城中汉节在，遂州城外巴人稀。（杜甫《去秋行》）

胡旋之义世莫知，胡旋之容我能传。（元稹《胡旋女》）

昨日之日不可追，今日之日须臾期。（卢仝《叹昨日》）

义心若石屹不转，死节如石确不移。（白居易《青石》）

弹琴人似滕上琴，听琴人似匣中弦。（卢仝《听萧君姬人弹琴》）

4. 同四字者

君勿矜我玉可切，君勿夸我钟可刿。（白居易《鸦九剑》）

最后，我们谈到两联相对，就是上一联和下一联相为对仗，例如：

相思长相思，相思无限极。相思苦相思，相思损容色。（陈羽《长相思》）

劝君掩鼻君莫掩，使君夫妇为参商。劝君掇蜂君莫掇，使君父子成豺狼。（白居易《天可度》）

太行之路能摧车，若比人心是坦途。巫峡之水能覆舟，若比人心是安流。（白居易《太行路》）

182

为君熏衣裳，君闻兰麝不馨香。为君盛容饰，君看金翠无颜色。（同上）

人画竹身肥拥肿，萧画茎瘦节节竦。人画竹梢死羸垂，萧画枝活叶叶动。（白居易《画竹歌》）

文帝却之不肯乘，千里马去汉道兴。穆王得之不肯戒，八骏驹来周室坏。（白居易《八骏图》）

但是，这种对仗往往只有一部分或一两个字在字面上是相对的（同字或异字相对均可）。余字或错综相对，或意对词不对，例如：

头上何所有？翠微㔉叶垂鬓唇。背后何所见？珠压腰衱稳称身。（杜甫《丽人行》）

大儿九龄色清澈，秋水为神玉为骨。小儿五岁气食牛，满堂宾客皆回头。（杜甫《徐卿二子歌》）

昔没贼中时，潜与子同游。今归行在所，王事有去留。（杜甫《送韦十六》）

小鱼脱漏不可记，半死半生犹戢戢。大鱼伤损皆垂头，屈强泥沙有时立。（杜甫《又观打鱼》）

昔公为善日不足，假寐待旦朝至尊。今君三十朝未

与，得不寸晷倍珪璠？（元稹《去杭州》）

第一第二弦索索，秋风拂松疏韵落。第三第四弦泠泠，夜鹤忆子笼中鸣。（白居易《五弦弹》）

吾君修己人不知，不自逸兮不自嬉。吾君爱人人不识，不伤财兮不伤力。（白居易《骊宫高》）

去岁嘉禾生九穗，田中寂寞无人至。今年瑞麦分两岐，君心独喜无人知。（白居易《牡丹芳》）

三月无雨旱风起，麦苗不秀多黄死。九月降霜秋早寒，禾穗未熟皆青干。（白居易《杜陵叟》）

不如林中乌与鹊，母不失雏雄伴雌。应似园中桃李树，花落随风子在枝。（白居易《母别子》）

两联相对，白居易最喜欢用。他喜欢到那种程度，甚至于用到律诗里去。然而这种对仗终当认为古风所独有，而它和同字相对往往是互相为用的。

184

词

一、词的概说

古人称词为诗余，因此又有人称曲为词余，其实词、曲都是广义的诗的一种。如果先叙述了词、曲再叙述白话诗，咱们就觉得白话诗来得并不突兀。

词的来源，可以从两方面来说：若从"被诸管弦"一方面说，词是渊源于乐府的；若从格律一方面说，词是渊源于近体诗的。最初的时候，所谓词（亦称为曲），除了配乐之外，它的体制是和诗完全相同的。反过来说，一首绝句或一首律诗，如果配上了音乐，即刻可以变为词。例如下面所引李白的《清平调》，在文字的格律上完全是一首近体七绝，然而被认为词（见万树《词律》）：

云想衣裳花想容，

春风拂槛露华浓。

若非群玉山头见，会向瑶台月下逢。

又如刘禹锡的《纥那曲》，俨然是一首近体五绝；然而也被认为词（见《尊前集》）：

踏曲兴无穷，

调同辞不同。

愿郎千万寿，长作主人翁。

由此看来，单从这种地方上说，诗和词是没有明显的界限的。本来，一种体裁的转变，只能是一种渐变，不能是一种突变，因此，诗和词自然不能划若鸿沟。不过，初型的词虽然除了配乐一点之外就和近体诗没有分别，及其全盛的时代，却是和近体诗大不相同了的。标准的词，必须具备了下列三个特点：

（一）全篇固定的字数；

（二）长短句；

（三）律化的平仄。

近体律绝具备了词的（一）（三）两点，却缺乏第二点；杂言古风具备了词的第二点，却缺乏（一）（三）两点；古乐府有些是具备了词的（一）（二）两点的，却缺乏第三点。依照这个标准，词非但和"诗"有了分别，而且和古乐府也有了分别。它的定义该是：一种律化的、长短句的、固定字数的诗。

词的定义既明，现在我们可以谈它的产生时代了。徐矩《事物原始》云："词始于李太白；《菩萨蛮》等作乃后世倚声填词之祖。"今按：相传李白有《桂殿秋》《清平调》《菩萨蛮》《忆秦娥》《清平乐》《连理枝》诸词。其中《菩萨蛮》和《忆秦娥》两词，被认为"百代词曲之祖"（见郑樵《通志》）。

菩萨蛮（其一）

游人尽道江南好，游人只合江南老。未老莫还乡，还乡空断肠。

绣屏金屈曲，醉入花丛宿。春水碧于天，画船听雨眠。

菩萨蛮（其二）

平林漠漠烟如织，寒山一带伤心碧。暝色入高楼，有人楼上愁。

玉阶空伫立，宿鸟归飞急。何处是归程？长亭连短亭。

（"归"一作"回"，"连"一作"接"）

菩萨蛮（其三）

举头忽见衡阳雁，千声万字情何限！叵耐薄情夫，一行书也无。

泣归香阁恨，和泪淹红粉。待雁却回时，也无书寄伊。

忆秦娥

箫声咽，秦娥梦断秦楼月。秦楼月。年年柳色，灞陵伤别。

乐游原上清秋节，咸阳古道音尘绝。音尘绝。西风残照，汉家陵阙。

《菩萨蛮》和《忆秦娥》自然是标准的词，但许多人疑心不是李白所作（例如《词苑丛谈》）。《桂殿秋》《清平乐》和《连理枝》也都非常可疑。余下只有《清平调》。如上文所论，《清平调》并没有词的特点，只可认为配乐的近体诗（新乐府）而已。

在李白之前及与李白同时者，有李景伯、沈佺期、裴谈的《回波乐》，崔液的《踏歌词》，张说的《舞马词》，玄宗的《好时光》，杨贵妃的《阿那曲》，贺知章的《柳枝词》等。然而《回波乐》和《舞马词》都是六言诗，《踏歌词》是五言三韵小律的变相，《阿那曲》是七言仄韵绝句，《柳枝词》是近体七绝，都不是标准的词。现在各举一例如下：

回波乐　　沈佺期

回波尔时佺期，

流向岭外生归。

身名已蒙齿录，袍笏未复牙绯。

舞马词　　张　说

万玉朝宗凤扆，

千金率领龙媒。

眄鼓凝骄蹀躞，听歌弄影徘徊。

踏歌词　　崔　液

彩女迎金屋，仙姬出画堂。

鸳鸯裁锦袖，翡翠贴花黄。

歌响舞分行，

艳色动流光。

（第五句入韵，与五言三韵小律稍异）

阿那曲　　杨贵妃

罗袖动香香不已。

红蕖袅袅秋烟里。

轻云岭上乍摇风，嫩柳池塘初拂水。

（此词疑是伪托）

柳枝词　　贺知章

碧玉妆成一树高，

万条垂下绿丝绦。

不知细叶谁裁出，二月春风似剪刀。

余下来的只有唐明皇的《好时光》。假使这词真是唐明皇作的，那就算他是词的创始者了：

好时光　　唐玄宗

宝髻偏宜宫样；莲脸嫩，体红香。眉黛不须张敞画，

190

天教入鬓长。

莫倚倾国貌；嫁取个，有情郎。彼此当年少，莫负好
时光。

然而这词的韵脚相隔太远，非但不能产生于盛唐，甚至不
能产生于五代。看它所用的语言，大约是南宋以后的伪作。大
抵一种新体裁的兴起，必由于社会的一种风气，决不会突如其
来，也不会戛然而止。假使唐玄宗时代就有了《好时光》一样
的词，早就该产生元曲那样的曲了。

此外，像韦应物和王建的《三台》是近体六言绝句，顾
况的《竹枝》，元结的《欸乃曲》（疑即《阿那曲》），刘禹
锡、白居易的《杨柳枝》《竹枝》和《浪淘沙》，都是近体的
七绝，刘禹锡的《抛球乐》是五言三韵小律，都只算是新乐
府，不是正式的词。现在各举一例于下：

三 台 　韦应物

一年一年老去，来日后日花开。

未报长安平定，万国岂得衔杯？

191

宫中三台　王　建

鱼藻池边射鸭，芙蓉帐里看花。

日色赭袍何似？不着红鸾扇遮。

竹　枝　顾　况

帝子苍梧不复归，

洞庭叶下荆云飞。

巴人夜唱《竹枝》后，肠断晓猿声渐稀。

欸乃曲　元　结

偶存名迹在人间，

顺俗与时未安闲。

来谒大官兼问政，扁舟却入九疑山。

杨柳枝　刘禹锡

金谷园中莺乱飞，

铜驼陌上好风吹。

城中桃李须臾尽，争似垂杨无限时。

竹 枝　刘禹锡

白帝城头春草生，

白盐山下蜀江清。

南人上来歌一曲，北人莫上动乡情。

浪淘沙　刘禹锡

九曲黄河万里沙，

浪淘风簸自天涯。

如今直上银河去，同到牵牛织女家。

杨柳枝　白居易

陶令门前四五树，亚夫营里百千条。

何似东都正二月，黄金枝映洛阳桥。

竹 枝　白居易

瞿塘峡口水烟低，

白帝城头月向西。

唱到《竹枝》声咽处，寒猿暗鸟一时啼。

浪淘沙　白居易

一泊沙来一泊去，一重浪灭一重生

相搅相淘无歇日，会教山海一时平。

抛球乐　刘禹锡

五色绣团圆，

登君玳瑁筵。

最宜红烛下，偏称落花前。

上客如先起，应须赠一船。

　　有一点值得注意：形式相同的调子，词牌不一定相同。譬如同是七绝，而分别称为《清平调》《欸乃曲》《杨柳枝》《竹枝》《浪淘沙》等。有许多词牌本是诗题，譬如上文所述，《踏歌词》咏的是舞，《舞马词》咏的是舞马，《欸乃曲》咏的是泛舟，《杨柳枝》咏的是柳，《浪淘沙》咏的是浪淘沙，《抛球乐》咏的是绣球（《谪仙怨》《渔父》《忆江南》《潇湘神》等，莫不如此，见下文）。直到后代，才渐渐地离开"本意"了。

　　有些词本是十足的一首律诗，例如刘长卿的《谪仙怨》：

晴川落日初低。惆怅孤舟解携。鸟向平芜远近，人随流水东西。

白云千里万里，明月前溪后溪。独恨长沙谪去，江潭春草萋萋。

这只是一首六言律诗，非但粘对合律，颔联和颈联的对仗也是合律的。不过，因为中间空一格，写成双叠，就俨然是一首词了。窦弘余和康骈的《广谪仙怨》也是同样的情形。又如皇甫松的《怨回纥》：

白首南朝女，愁听异域歌。收兵颉利国，饮马胡卢河。毳布腥膻久，穹庐岁月多。雕窠城上宿，吹笛泪滂沱。

这简直是一首五律。

像《纥那曲》《清平调》《怨回纥》《谪仙怨》一类似诗非诗的词，读起来是诗，唱起来是词。这是诗和词的转捩点。由此增减一两个字，就是真正词的开始，例如：

（一）由句句入韵的七言诗变来：

渔　父　张志和

西塞山边白鹭飞。

桃花流水鳜鱼肥。

青箬笠，绿蓑衣。

斜风细雨不须归。

（二）由普通七绝变来：

潇湘神　刘禹锡

湘水流，湘水流。

九疑云物至今秋。

若问二妃何处所，零陵芳草露中愁。

但是，也有不是由近体绝句变来，而是由古乐府变来的，例如：

调　笑　韦应物

胡马，胡马，

远放燕支山下。

跑沙跑雪独嘶，

东望西望路迷。

迷路，迷路，

边草无穷日暮。

由此看来，长短句的词确已胚胎于盛唐（如张志和、张九龄的《渔父》，韦应物的《调笑》），至中唐而渐盛，王建有《宫中调笑》，韩翃有《章台柳》，戴叔伦有《转应曲》（《调笑》），刘禹锡有《忆江南》《潇湘神》，白居易有《花非花》《忆江南》《宴桃源》《长相思》，等等。大约自中唐以后，诗人才意识到近体诗之外，还有另一种诗体。不过，当时还没有叫作词，大约它只被认为曲或乐之类罢了。

温庭筠是第一个词的大量制造者。相传他有《握兰》《金荃》等集，赵崇祚《花间集》收他的词就有六十六首。词该是经他提倡而更盛的。他所用过的词式，依现在所可知者，共有十九种如下：

1.《南歌子》　2.《荷叶杯》　3.《梦江南》（《忆江南》）

4.《杨柳枝》　5.《蕃女怨》　6.《遐方怨》

7.《诉衷情》　8.《定西番》　9.《思帝乡》

10.《玉胡蝶》　11.《酒泉子》　12.《女冠子》

13.《归国遥》 14.《菩萨蛮》 15.《清平乐》

16.《更漏子》 17.《河渎神》 18.《河　传》

19.《木兰花》

到了温庭筠的时代，词和诗才明显地分了家。

但是，词和诗分了家之后，还不免有多少轇轕。某一些诗的形式或类似诗的形式仍然被用为词式。即以温庭筠的《木兰花》为例，俨然是一首仄韵七律：

> 家临长信往来道，乳燕双双拂烟草。油壁车轻金犊肥，流苏帐晓春鸡早。笼中娇鸟暖犹睡，帘外落花闲不扫。衰桃一树近前池，似惜红颜镜中老。

非但粘对和对仗合律，而且出句末字平仄间用，也是合于仄韵律诗的老规矩的。又如韩偓的《生查子》：

> 侍女动妆奁，故故惊人睡。那知本未眠，背面偷垂泪。懒卸凤凰钗，羞入鸳鸯被。时复见残灯，和烟坠金穗。

这是古风式的律诗。至于像侯寘的《瑞鹧鸪》：

遥天拍水共空明。

玉镜开奁特地晴。

极目秋容无限好，举头醉眼暂须醒。

白眉公子催行急，碧落仙人著句清。

后夜萧萧葭苇岸，一樽独酌见离情。

这简直是一首纯粹的七律。由此可见词和诗的关系始终是密切的。

上文所说的由诗增减一二字而变为词，至南唐以后而此风未息，例如：

（一）由七绝一首减去一字：

捣练子 南唐后主

深院静，小庭空，

断续寒砧断续风。

无奈夜长人不寐，数声和月到帘栊。

（二）由七绝两首减去一字：

鹧鸪天 　秦　观

枕上流莺和泪闻，

新啼痕间旧啼痕。

一春鱼鸟无消息，千里关山劳梦魂。

无一语，对芳尊。

安排肠断到黄昏。

甫能炙得灯儿了，雨打梨花深闭门。

这只就其十分显著者来说；至于增减三五字或增减一两句的，例子太多，不能一一列举了。

二、词的字数

词可分为两个时代：唐五代为第一期；宋以后为第二期。除了意境不在本书范围之内，二者之间的区别是：前者都是短调，后者却兼有长调；前者韵与韵间的距离小，后者则兼有长的距离。关于韵的问题，我们留在下节里讨论，现在先谈长短的问题。

万树在他的《词律·发凡》里说：

自《草堂》有小令中调长调之目，后人因之，但亦约略云尔。《词综》所云"以臆见分之，后遂相沿，殊属牵率"者也。钱唐毛氏云："五十八字以内为小令，五十九字至九十字为中调，九十一以外为长调，古人定例也。"愚谓此亦就《草堂》所分而拘执之，所谓"定例"，有何所据？若以少一字为短，多一字为长，必无是理。如《七娘子》有五十八字者，有六十字者，将名之曰小令乎？抑中调乎？如《雪狮儿》有八十九字者，有九十二字者，将名之曰中调乎？抑长调乎？故本谱但叙字数，不分小令中长之名。

少一字为短，多一字为长，固然是太拘泥了，但是，五十八字以内为小令，却是颇有道理，并非"以臆见分之"。上节说过，最初的词大约是由近体律绝增减而成。七言律诗一首或绝句两首共五十六字，依词例分为两叠，若每叠增一个字，恰是五十八字，例如：

踏莎行　　寇准

春色将阑，莺声渐老，红英落尽青梅小。画堂人静雨濛濛，屏香半掩余香袅。

密约沉沉，离情杳杳，菱花尘满慵将照。倚楼无语欲销魂，长空黯淡连芳草。

这是仄韵七绝两首合成的；只把每首的首句添一字，破为两句，就成为一首词了。

若每叠增两个字，却是六十字，例如：

鹊踏枝　冯延巳

谁道闲情抛掷久？每到春来，惆怅还依旧。旧日花前常病酒，敢辞镜里朱颜瘦！

河畔青芜堤上柳。为问新愁，何事年年有？独立小楼风满袖，平林新月人归后。

这也是两首仄韵七绝合成的，只把每首的第二句添两字，破为两句，又在第三句也押韵（前期词以韵密为常）罢了。

此外，还有在首叠增两字，次叠增四字的，例如：

定风波　欧阳炯

暖日闲窗映碧纱，小池春水浸晴霞。数树海棠红欲尽，争忍？玉闺深掩过年华！

独凭绣床方寸乱，肠断！泪珠穿破脸边花。邻舍女郎
相借问，音信，教人羞道未还家！

这是两首平韵七绝合成，因为参照七律的规矩，所以第五
句不入韵。"争忍、肠断、音信"六个字是添进去的，删了它
们，意思仍旧连贯得起来。添上它们，无非使韵脚错综变化，
不致韵疏而已。

依我们的意见，凡是和律绝的字数相差不远的词，都可
以称为小令。我们以为词只须分为两类：第一类是六十二
字以内的小令，唐五代词大致以这范围为限（极少的例外如
杜牧的《八六子》是可疑的）；第二类是六十三字以外的慢
词，包括《草堂诗余》所谓中调和长调，它们大致是宋代以后
的产品。

依照《词律》所述，最短的词是《竹枝词》，共十四字：

芙蓉并蒂竹枝一心连女儿花侵槛子竹枝眼应穿女儿。

（皇甫松）

这是一种民歌的形式，"竹枝、女儿"乃是和声。若连和
声算起来，应该不止十四个字。又有《十六字令》（又名《苍梧

203

谣》）：

天！休使圆蟾照客眠。人何在？桂影自婵娟。（蔡伸）

这也是民歌的形式。真正的词最短的是十八字的《闲中好》：

闲中好，尘务不萦心。坐对当窗木，看移三面阴。（段成式）

最长的是二百四十字的《莺啼序》：

残寒正欺病酒，掩沉香绣户。燕来晚，飞入西城，似说春事迟暮。画船载，清明过却，晴烟冉冉吴宫树。念羁情，游荡随风，化为轻絮。

十载西湖，傍柳系马，趁娇尘软雾。溯红渐招入仙溪，锦儿偷寄幽素。倚银屏，春宽梦窄；断红湿，歌纨金缕。暝堤空，轻把斜阳，总还鸥鹭。

幽兰旋老，杜若还生，水乡尚寄旅。别后访六桥无信，事往花萎，瘗玉埋香，几番风雨！长波妒盼，遥山羞

204

黛；渔灯分影春江宿，记当时，短楫桃根渡。青楼仿佛，临分败壁题诗，泪墨惨淡尘土。

危亭望极，草色天涯，叹鬓侵半苎。暗检点离痕欢唾，尚染鲛绡；军凤迷归，破鸾慵舞。殷勤待写，书中长恨；蓝霞辽海沉过雁，谩相思，弹入哀筝柱。伤心千里江南，怨曲重招，断魂在否？（吴文英）

最短的词是不分段的，例如上节所举的《渔父》（《渔歌子》）、《潇湘神》和《调笑》（《调笑令》），和本节所举的《闲中好》；较长的词则分为两段，叫作双叠，即前后两阕。不分段的词叫作单调，分两段的词叫作双调。但所谓长短也并没有绝对的标准。分两段的词可以短到三十四字，例如：

归国谣　欧阳修

何处笛？深夜梦回情脉脉。竹风帘雨寒窗隔。

离人几岁无消息。今头白！不眠特此重相忆。

不分段的词也可以长到四十四字，例如：

205

伊川令　　范仲胤妻

西风昨夜穿帘幕，闺院添萧索，最是梧桐零落。迤逦秋光
过却，人情音信难托。教奴独自守空房，泪珠与灯花共落。

前后两阕如果句数相等，字数又相等，完全成为平行状
态者，这可认为正式的双调。这种双调，最短的是三十六字的
《长相思》，例如：

长相思　　白居易

汴水流，泗水流，流到瓜洲古渡头。吴山点点愁。

思悠悠，恨悠悠，恨到归时方休，月明人倚楼。

此外例如：

虞美人　　南唐后主

春花秋月何时了？往事知多少？小楼昨夜又东风，故
国不堪回首月明中。

雕阑玉砌应犹在，只是朱颜改。问君能有几多愁？恰
似一江春水向东流。

天仙子　沈会宗

景物因人成胜概，满目更无尘可碍。等闲帘幙小阑干，衣未解，心先快。明月清风如有待。

谁信门前车马隘，别是人间闲世界。座中无物不清凉，山一带，水一派。流水白云长自在。

词以双调为最普通，单调次之，三叠四叠则甚为罕见。四叠只有《莺啼序》一谱（《梁州令叠韵》写成四叠可疑），已见上文。三叠的词有《夜半乐》《宝鼎现》《戚氏》等，现在试举其一为例：

夜半乐　柳永

冻云黯淡天气，扁舟一叶，乘兴离江渚。渡万壑千岩，越溪深处。怒涛渐息，樵风乍起，更闻商旅相呼，片帆高举。泛画鹢，翩翩过南浦。

望中酒旆闪闪、一簇烟村，数行霜树。残日下，渔人鸣榔归去。败荷零落，衰杨掩映，岸边两两三三，浣纱游女。避行客，含羞笑相语。

到此因念：绣阁轻抛，浪萍难驻。叹后约，丁宁竟何据？惨离怀，空恨岁晚归期阻。凝泪眼，杳杳神京路。断鸿声远长天暮！

大约是因为字多了才分为三叠四叠，并没有其他的意义。

＊　　　　　　＊　　　　　　＊

词有令、引、近、慢等名称，大约颇有字数的关系。现在试把这些术语分别诠释于后：

（一）令。"令"是词牌的通称。因此，许多词牌都可以随便加上一个"令"字，例如：

《三　台》　　　　又名《三台令》

《调　笑》　　　　又名《调笑令》

《浪淘沙》　　　　又名《浪淘沙令》

《上林春》　　　　又名《上林春令》

《喜迁莺》　　　　又名《喜迁莺令》

《雨中花》　　　　又名《雨中花令》

《鹊桥仙》　　　　又名《鹊桥仙令》

《洞仙歌》　　　　又名《洞仙歌令》

又有许多词牌是有一个带着"令"字的别名的。例如：

208

《南歌子》	又名《风蝶令》
《醉太平》	又名《四字令》
《春光好》	又名《愁倚阑令》
《清商怨》	又名《关河令》
《四和番》	又名《四犯令》
《苏幕遮》	又名《鬓云松令》
《念奴娇》	又名《百字令》

（二）引。杜文澜于《词律》卷十所载《千秋岁引》后加按语云："凡题有'引'字者乃引申之义，字数必多于前。"这是说《千秋岁引》是由《千秋岁》增字而成的。现在试举出《千秋岁》和《千秋岁引》比较着看：

千秋岁 　叶梦得

雨声萧瑟，初到梧桐响。人不寐，秋声爽。低檐灯暗淡，画幕风来往。谁共赏？依稀记得船篷上。

拍岸浮轻浪，水阔菰蒲长。向别浦，收横网。绿蓑冲暝色，艇子摇双桨。君莫忘：此情犹是当时唱。

千秋岁引　王安石

别馆寒砧，孤城画角。一派秋声入寥廓。东归燕从海上去，南来雁向沙头落。楚台风，庚楼月，宛如昨。

无奈被些名利缚；无奈被他情担阁。可惜风流总闲却。当初谩留华表语，而今误我秦楼约。梦阑时，酒醒后，思量著。

依杜文澜的意见，后谱八十二字，比前谱多十字，就是将前谱略为增减而成的。前阕第二句减一字，第三句系将前谱两句合成一句，添一字，后阕第一、二句各添二字，第三句也将前谱两句合成一句，添一字。又前后两阕都将第四、五句各添二字，末了，又把前谱的两句破为三句。这样，后谱可说是由前谱"引申"出来的了。只有一点，就是后谱比前谱少了一韵，所以万树说"与前词迥别"。我们没法子证明杜文澜的话一定是对的，因为我们没有其他的资料以为佐证。除了《千秋岁引》之外，词之称为"引"者有下列诸种：

《翠华引》　《法驾导引》　《江城梅花引》（《明月引》）

《华清引》　《琴调相思引》　《太常引》

210

《青门引》	《东坡引》	《梅花引》
《婆罗门引》	《阳关引》	《望云涯引》
《梦玉人引》	《迷仙引》	《黄鹤引》
《蕙兰芳引》	《清波引》	《华胥引》
《云仙引》	《迷神引》	《遥天奉翠华引》
《石州引》		

这些都没有和它们相配的词以资比较，例如《翠华引》之前并没有《翠华》或《翠华令》。这样，我们就很难断定"引"是从普通的词"引申"出来的。况且《翠华引》就是《三台令》，更令人疑心"引"就是"令"的别名。《初学记》云"古琴曲有九引"，可见"引"即是"曲"。唐代词称为"曲"，因此，"引"也就是词。至于宋代以后，是否有人误以为"引"即原调的"引申"（包括王安石），那又是另一问题了。又曹组有《婆罗门引》，七十六字，柳永有《婆罗门令》，八十六字，虽然两调全不相涉，亦可见"引"不一定比"令"长。

（三）近。"近"又称近拍。词牌加"近"字，也比原词的字多了许多，试比较《诉衷情》和《诉衷情近》：

诉衷情　欧阳修

清晨帘幕卷轻霜。呵手试梅妆。都缘自有离恨，故画作，远山长。思往事，惜流光。易成伤。拟歌先敛，欲笑还颦，最断人肠。

诉衷情近　柳　永

雨晴气爽，伫立江楼望处[①]。澄明远水生光，重叠暮山耸翠。遥想断桥幽径，隐隐渔村，向晚孤烟起。

残阳里，脉脉朱阑静倚。黯然情绪，未饮先如醉。愁无际！暮云过了，秋风老尽，故人千里。竟日空凝睇！

但是，除了《诉衷情近》有《诉衷情》和它相配之外，其他的"近"词并没有他词可配，甚至"近"字可有可无，例如：

《祝英台》　　　即《祝英台近》

《隔浦莲》　　　即《隔浦莲近》

《扑蝴蝶》　　　即《扑蝴蝶近》

《早梅芳》　　　即《早梅芳近》

---

① 杜文澜云"处"字即韵，甚是。

由此看来，"近"也和"引"一样，不一定要先有一词，然后增字为"近"。但是，凡称为"近"的都没有短调，却是事实。除《好事近》的"近"不一定是"引、近"的"近"之外，其他如《荔枝香近》七十三字，又七十六字，《郭郎儿近拍》七十三字，《隔浦莲近拍》七十三字，《扑蝴蝶近》七十五字，《祝英台近》七十七字，《红林檎近》七十九字，《早梅芳近》八十字，正是《草堂诗余》所谓中调。

王易先生《词曲史》对于"引、近"有下列的解释（页109）：

> 凡大曲联多遍之曲以成一大篇，谓之排遍。则开首有引焉。引而长之，亦引首之义也。有歌头焉，有散序焉，有中序焉。序者叙也，有铺叙之义。迨曲将半，则有催衮焉。催者，所以催舞拍也。"衮"又作"滚"，亦以滚出舞拍也。亦曰近拍，谓近于入破，将起拍也。故凡近词皆句短韵密而音长，与引不同。

依照这一种说法，引并不是就原词引申，近也不是就原词扩充。它们还牵涉到句的长短、韵的疏密，等等。

但是，王易先生的说法只是可备一说；实际上，引和近是颇难下一个确当的定义的。就普通说，引和近都比令短些。唐代无所谓令、引、近；南唐后主有《浪淘沙令》和《三台令》，然而宋代以前还没有所谓引、近。如上文所说，既然唐五代只有短调，而引、近之名始于宋人，那么，即使引、近别无深意，也只有宋人新制的词（或更变词牌）才可以称为引或近。我们只能以知其大略为满足，不能深究了。

（四）慢。吴曾《能改斋漫录》云：

> 词自南唐以来，但有小令。其慢词起自仁宗朝。中原息兵，汴京繁庶，歌台舞榭，竞赌新声。耆卿失意无聊，流连坊曲，遂尽收俚俗语言，编入词中，以便伎人传唱……其后东坡、少游、山谷辈相继有作，慢词遂盛。（胡云翼《词学ABC》页38、王易《词曲史》页110，皆引此段）

慢的特征就是字数增多。这种情形最为显明，不像引、近那样难于求证。试看下面原词与慢词字数的比较：

《浪淘沙》五十四字　　　《浪淘沙慢》一百三十三字

《江城子》七十字　　　　《江城子慢》一百零九字

《上林春》四十字　　　　《上林春慢》一百零二字

《浣溪沙》四十二字　　　《浣溪沙慢》九十三字

《丑奴儿》四十四字　　　《丑奴儿慢》九十字

《卜算子》四十四字　　　《卜算子慢》八十九字

《锦堂春》四十八字　　　《锦堂春慢》九十九或一百零一字

《西江月》五十字　　　　《西江月慢》一百零三字

《雨中花》五十一字　　　《雨中花慢》九十六字

《木兰花》五十二字　　　《木兰花慢》一百零一字

《鼓笛令》五十五字　　　《鼓笛慢》一百零六字

《谢池春》六十六字　　　《谢池春慢》九十字

《声声令》六十六字　　　《声声慢》九十六或九十七字

《惜黄花》七十字　　　　《惜黄花慢》一百零八字

《粉蝶儿》七十二字　　　《粉蝶儿慢》九十六字

我们现在有一个问题：慢词是由同调的令词增衍而成的呢，还是只借令词原名，实际上和那令词的形式毫无关系的呢？我们倾向于相信后者。《词律》于《西江月慢》后注云："与《西江月》本调无涉。"又于《江城子慢》后注云："与《江城》本调全异。"其他各词恐怕都是这样的。试把《浣溪沙》和《浣溪沙慢》比较于下：

215

浣溪沙　　张　曙

枕障熏炉冷绣帷，二年终日苦相思。杏花明月尔应知。

天上人间何处去？旧欢新梦觉来时。黄昏微雨画帘垂。

浣溪沙慢　　周邦彦

水竹旧院落，樱笋新花果。嫩英翠幄，红杏交榴火。心事暗卜，叶底寻双朵。深夜归青锁。灯尽酒醒时，晓窗明，钗横鬓軃。

怎生那？被间阻时多。①奈愁肠数叠，幽恨万端，好梦还惊破。可怪近来，传语也无个！莫是嗔人呵？真个若嗔人，却因何逢人问我？

我们实在找不出《浣溪沙慢》有从《浣溪沙》演化出来的痕迹。依我们猜想：宋人自制新声之后，往往借用旧词牌以便记忆，又为避免和旧词牌混乱起见，于是加上一个"慢"字。"慢"就是快慢的慢，因为词长，多费时间，所以叫作慢。《填词名解》云："案词以慢名者，慢曲也；拖音袅娜，不欲辄尽。"这话恐怕是不对的，若以每字所占的时间而论，慢词

---

① 以平叶仄。

216

里的字反倒应该很快地唱过去，因为慢词往往韵疏，韵疏就不能不用短拍子了。

　　自从新声以"慢"为名之后，有些本调反倒被冷落了，例如《声声慢》，它比《声声令》常见得多了。因此咱们可以想见，有些本调已经失传，单剩慢词流行于世，例如《玉女迎春慢》《扬州慢》《国香慢》《瑞雪浓慢》《瑶花慢》《石州慢》《潇湘逢故人慢》《惜余春慢》《苏武慢》《紫萸香慢》等。不过，还有一种可能：就是慢词盛行之后，不一定要有本调才可称慢；那时"慢"只等于普通所谓曲，因此"慢"字用不用都无所谓了，例如：

《长相思慢》　　　　即《长相思》（一百零三字的一种）

《卓牌子慢》　　　　即《卓牌子》

《倦寻芳慢》　　　　即《倦寻芳》

《庆清朝慢》　　　　即《庆清朝》

《西子妆慢》　　　　即《西子妆》

《长亭怨慢》　　　　即《长亭怨》

《西平乐慢》　　　　即《西平乐》

《拜星月慢》　　　　即《拜星月》（或作《拜新月》）

《夜飞鹊慢》　　　　即《夜飞鹊》

此外，还有一些术语是关于字数的增减的，现在附带加以叙述：

（一）摊破。摊是摊开，破是破裂。把一句破为两句，叫作破；字数也略有增加，叫作摊。南唐中主（李璟）有《摊破浣溪沙》一词，最为标准。现在把他自己所作的《浣溪沙》拿来比较，如下：

浣溪沙　　南唐中主

风压轻云贴水飞。乍晴池馆燕争泥。沈郎多病不胜衣。

沙上未闻鸿雁信；竹间时有鹧鸪啼。此情唯有落花知！

摊破浣溪沙　　南唐中主

菡萏香销翠叶残。西风愁起绿波间。还与韶光共憔悴，不堪看。

细雨梦回鸡塞远；小楼吹彻玉笙寒。多少泪珠何限恨？倚阑干。

这里所谓摊破，就是把本调每阕的第三句破为两句，又把原来的七个字摊为十个字。因此，本来四十二字的《浣溪沙》，一经摊破之后，就变了四十八字了。

此外，又有《摊破丑奴儿》（又名《摊破采桑子》）一谱，却和这个原则大不相同。现在举出《丑奴儿》和《摊破丑奴儿》各一例，以资比较：

丑奴儿　　<small>和　凝</small>

蜷蛴领上诃梨子，绣带双垂。椒户闲时，竞学樗蒲赌荔枝。

丛头鞋子红编细，裙窣金丝。无事颦眉，春思翻教阿母疑。

摊破丑奴儿　　<small>赵长卿</small>

树头红叶飞都尽，景物凄凉。秀出群芳，又见江梅浅淡妆。也啰啰！真个是可人香！

兰魂蕙魄应羞死，独占风光。梦断高唐，月送疏枝出女墙。也啰！真个是可人香！

这里所谓摊破，却只是就本调之外加上和声而已。咱们自然应该以《摊破浣溪沙》为正例。

（二）减字或偷声。减字是比本调减少字数，偷声也差不多是一样的意思。现在举出《木兰花》《减字木兰花》《偷声

219

木兰花》各一首，以资比较：

木兰花 　　叶梦得

花残却似春留恋，几日余香吹酒面。湿烟不隔柳条青，小雨池塘初有燕。

波火纵使明如练，可奈落红纷似霰！解将心事诉东风，只有啼莺千种啭。

减字木兰花 　　吕渭老

雨帘高卷，芳树阴阴连别馆。凉气侵楼，蕉叶荷枝各自秋。

前溪夜舞，化作惊鸿留不住。愁损腰肢，一桁香销旧舞衣。

偷声木兰花 　　张　先

云笼琼苑梅花瘦，外院重扉联宝兽。海月新生，上得高楼没奈情！

帘波不动银釭小，今夜夜长争得晓？欲梦荒唐（一作"高唐"），只恐觉来（一作"恐觉来时"）添断肠！

《木兰花》五十六字，《减字木兰花》四十四字，《偷声木兰花》五十字，可见减字或偷声都是把字数减少。但减字或偷声都共用四个韵，在这一点上它们相同，而它们和本调大不相同。

（三）促拍。促拍和偷声恰恰相反。偷声是减字，促拍却是添字，例如：

促拍丑奴儿　　黄庭坚

得意许多时。长醉赏月影花枝。暴风急雨年年有，金笼锁定，莺雏燕友，不被鸡欺。

红旆转逶迤，悔无计千里追随。再来重绾泸南印，而今目下，恓惶怎向，日永春迟！

万树云："此调准作促拍。"杜文澜批驳道："促拍者，促节短拍，与减字仿佛。此调字数多于《丑奴儿》，不能以促拍名之也。"我们以为促拍该是添字，像此调每阕第二韵和第三韵相隔十九字，正应该促节短拍，以求谐和。

三、词韵十九部①

　　关于词的韵部，有清仲恒的《词韵》。仲氏是以明沈谦的书做蓝本的。其书分平上去声为十四部，入声五部，共十九部。原书用平水韵说明；兹为比较地便利起见，改用《广韵》说明，例如原书以灰半入第三部，另一灰半入第五部，其实第三部的灰半就是《广韵》的十五灰，第五部的灰半就是《广韵》的十六咍，不烦每字列举，已是了然。兹列表如下：

第一部　平声　东、冬、钟；
　　　　上声　董、肿；
　　　　去声　送、宋、用。

第二部　平声　江、阳、唐；
　　　　上声　讲、养、荡；
　　　　去声　绛、漾、宕。

第三部　平声　支、脂、之、微、齐、灰；

上声　纸、旨、止、尾、荠、贿；

去声　寘、至、志、未、霁、祭、泰合、队、废。

第四部　平声　鱼、虞、模；

上声　语、麌、姥；

去声　御、遇、暮。

第五部　平声　佳开、皆、哈；

上声　蟹、骇、海；

去声　泰开、卦开、怪、夬。

第六部　平声　真、谆、臻、文、欣、魂、痕；

上声　轸、准、吻、隐、混、很；

去声　震、稕、问、焮、慁、恨。

第七部　平声　元、寒、桓、删、山、先、仙；

上声　阮、旱、缓、潸、产、铣、狝；

去声　愿、翰、换、谏、裥、霰、线。

第八部　平声　萧、宵、肴、豪；

223

上声　筱、小、巧、皓；

去声　啸、笑、效、号。

第九部　平声　歌、戈；

上声　哿、果；

去声　箇、过。

第十部　平声　佳合、麻；

上声　马；

去声　卦合、祃。

第十一部　平声　庚、耕、清、青、蒸、登；

上声　梗、耿、静、迥、拯、等；

去声　映、净、劲、径、证、嶝。

第十二部　平声　尤、侯、幽；

上声　有、厚、黝；

去声　宥、候、幼。

第十三部　平声　侵；

上声　寝；

去声　沁。

第十四部　平声　覃、谈、盐、添、严、咸、衔、凡；

上声　感、敢、琰、忝、俨、赚、槛、范；

去声　勘、阚、艳、椓、酽、陷、鉴、梵。

第十五部　入声　屋、沃、烛。

第十六部　入声　觉、药、铎。

第十七部　入声　质、术、栉、陌、麦、昔、锡、职、

德、缉。

第十八部　入声　物、迄、月、没、曷、末、黠、镨、

屑、薛、葉、帖、业。

第十九部　入声　合、盍、洽、狎。

《四库全书总目提要》对于仲恒《词韵》有很严厉的批评：

词体在诗与曲之间，韵不限于方隅，词亦不分今古。将全用俗音，则去诗未远；将全从诗韵，则与俗多乖。既虞"针真""因阴"之无分，又虞元魂灰咍之不叶。所以虽有沈约、陆词，终不能勒为一书也。沈谦既不明此理，强作解事。恒又沿伪踵谬，轇轕弥增。即以所分者言之，平上去分十四韵，割魂入真轸，割咍入佳蟹，此谐俗矣；而麻遮仍为一部，则又从古。三声既真轸一部，侵寝一部，庚梗一部，元阮一部，覃感一部矣；入声则质陌锡职缉为一部，是真庚青蒸侵又合为一也，物月曷黠屑薛合为一部，是文元寒删先覃盐又合为一也。不俗不雅，不古不今，欲以范围天下之作者，不亦难耶？

《四库提要》以为词是不必规定韵部的：严格的词韵就索性依照诗韵好了；若要从宽，就随便"参以方音"好了。"中原音韵提要"里说：

唐无词韵，凡词韵与诗皆同。唐初《回波》诸篇，唐末《花间》一集，可覆按也。其法密于宋，渐有以入代平、以上代平诸例。而三百年作者如云，亦无词韵。间或参以方音，但取歌者顺吻，听者悦耳而已矣。一则去古未远，方音

226

犹与韵合，故无所出入；一则去古渐远，知其不合古音，而又诸方各随其口语，不可定以一格，故无书也。

平心而论，仲恒《词韵》是一种颇为客观的著作，未可厚非。它是专为宋词而作的。唐词完全依照诗韵，沈谦、仲恒未尝不知。但自五代以后，就渐渐和诗韵离异了。沈氏所定，大致是从宋词归纳出来的。魂入真轸、哈入佳蟹当时确有此情形，遮未由麻分出，则因宋词本无此现象。平上去分-m、-n、-ng三类，因宋代确尚能分；入声不分-p、-t、-k三类，则因宋人确已全混。宋人以实际语音施于词韵，沈氏归纳宋词以成《词韵》，这是很合理的。不过，沈氏也只能定出一个大概，并不能推之每词而皆准。例如沈氏分灰哈为两部，诗韵灰哈既相通，则词人自亦有沿用诗韵者。宋代虽尚能分辨-m、-n、-ng，亦有方音偶混者。这些都只好认为例外，不能苛责沈氏。

先说，依照诗韵填词，非但唐五代是这样，直至宋以后还不乏其人。现在试各举一词为例：

临江仙　　五代（蜀）牛希济

江绕黄陵春庙闲，娇莺独语关关。满庭重叠绿苔斑。阴云无事，四散自归山。

萧鼓声稀香烬冷，月娥敛尽鸾环。风流皆道胜人间。须知狂客，判死为红颜。

（全词用删韵，不杂寒、先韵一字。）

春从天上来　　南宋（金）吴　激

海角飘零。叹汉苑秦宫，坠露飞萤。梦里天上，金屋银屏。歌吹竞举青冥。问当时遗谱，有绝艺鼓瑟湘灵。促哀弹，似林莺呖呖，山溜泠泠。

梨园太平乐府，醉几度春风，鬓发星星。舞破中原，尘飞沧海，风雪万里龙庭。写胡笳哀怨，人憔悴不似丹青。酒微醒，对一窗凉月，灯火青荧。

（全词用青韵，不杂庚、蒸韵一字。）

其次，我们将依照上文所述的十九韵部，除第九、第十二、第十三合于诗韵者外，各举一二例。为方便一般了解起见，改用平水韵目；惟必要时仍用《广韵》帮助说明。

第一部　东、冬；董、肿；送、宋

江城子　　谢　逸

杏花村馆酒旗风。（东）水溶溶。（冬）扬残红。

（东）野渡舟横，杨柳绿阴浓。（冬）望断江南山色远，人不见，草连空。（东）

夕阳楼外晚烟笼。（东）粉香融。（东）淡眉峰。（冬）记得年时，相见画屏中。（东）只有关山今夜月，千里外，素光同。（东）

第二部　江、阳；讲、养；绛、漾

玉簟凉　史达祖

秋是愁乡！（阳）自锦瑟断弦，有泪如江！（江）平生花里活，奈旧梦难忘。（阳）蓝桥云树正绿，料抱月几夜眠香。（阳）河汉阻，但凤音传恨，阑影敲凉。（阳）

新妆。（阳）莲娇试晓，梅瘦破春，因甚却扇临窗？（江）红巾衔翠翼，早弱水茫茫。（阳）柔指各自未剪，问此去莫负王昌。（阳）芳信准，更敢寻红杏西厢！（阳）

第三部　支、微、齐、灰半；纸、尾、荠、贿半；寘、未、霁、泰半、队半

鹧鸪天　晏几道

斗鸭池南夜不归，（微）酒阑纨扇有新诗。（支）云随碧玉歌声转，雪绕红绡舞袖回。（灰）

今感旧，欲沾衣。（微）可怜人似水东西。（齐）回头满眼凄凉事，秋月春风岂得知？（支）

第四部　鱼、虞；语、麌；御、遇

南歌子　欧阳修

凤髻金泥带，龙纹玉掌梳。（鱼）去来窗下笑相扶。（虞）爱道画眉深浅入时无。（虞）弄笔偎人久，描花试手初。（鱼）等闲妨了绣工夫。（虞）笑问双鸳鸯字怎生书。（鱼）

第五部　佳半、灰半；蟹、贿半；卦半、泰半、队半

浪淘沙　南唐后主

往事只堪哀，（灰）对景难排。（佳）秋风庭院藓侵阶？（佳）一任珠帘闲不卷，终日谁来？（灰）

金锁已沉埋；（佳）壮气蒿莱！（灰）晚凉天净月华

开。（灰）想得玉楼瑶殿影，空照秦淮！（佳）

这里所用的灰韵字，其实在《广韵》是哈韵字。灰合口，哈开口。《词韵》以合口的灰归支微，开口的哈归佳。但灰哈在诗韵中本相通。故《词韵》仍可相通，例如晏几道《浣溪沙》以"开梅回才来"为韵，"梅回"合口属灰，"开才来"开口属哈。

第六部　真、文、元半；轸、吻、阮半；震、问、愿半

少年游　梅尧臣

阑干十二独凭春。（真）晴碧远连云。（文）千里万里，二月三月，行色苦愁人。（真）

谢家池上江淹浦，吟魄与离魂。（元）那堪疏雨滴黄昏！（元）更特地忆王孙。（元）

这里所用的元韵字就是《广韵》的魂韵字。平水韵的元韵包括《广韵》的元魂痕。《词韵》以元归删先，魂痕归真文。

第七部　元半、寒删先；阮半、旱潸铣；愿半、翰谏霰

231

薄　幸　　吕渭老

　　青楼春晚；（阮）昼寂寂，梳匀又懒。（旱）乍听得鸦啼莺弄，惹起新愁无限。（潸）记年时，偷掷春心，花间隔雾遥相见。（霰）便角枕题诗，宝钗贳酒，共醉青苔深院。（霰）

　　怎忘得回廊下，携手处花明月满？（旱）如今但暮雨，蜂愁蝶恨，小窗闲对芭蕉展。（铣）却谁拘管？（旱）尽无言，闲品秦筝，泪满参差雁。（谏）腰肢渐小，心与杨花共远。（阮）

此系上去通押。

第八部　萧、肴、豪；篠、巧、皓；啸、效、号

蝶恋花　　晏几道

　　碾玉钗头双凤小；（篠）倒晕工夫，画得宫眉巧。（巧）嫩曲罗裙胜碧草。（皓）鸳鸯绣字春衫好。（皓）三月露头春意早。（皓）细看花枝，人面争多少？（篠）水调声长歌未了；（篠）掌中杯尽东池晓。（篠）

第九部　歌哿箇独用（不举例）

第十部　佳半、麻；马；卦半、祃。

蝶恋花　　晏几道

喜鹊桥成催凤驾。（祃）天为欢迟，乞与初凉夜。（祃）乞巧双蛾加意画。（卦）玉钩斜傍西南挂。（卦）

分钿擘钗凉叶下。（祃）香袖凭肩，谁记当时话？（卦）路隔银河犹可借，（祃）世间离恨何年罢？（卦又祃）

第十一部　庚、青、蒸；梗、迥；敬、径

庆清朝　　史达祖

坠絮孳萍，狂鞭孕竹，偷移红紫池亭。（青）余花未落，似供残蝶经营。（庚）赋得送春诗了，夏帷撑断绿阴成。（庚）桑麻外，乳鸦稚燕，别样芳情。（庚）

荀令旧香易冷，叹俊游疏懒，枉是销凝！（蒸）坐侵谢展，幽径斑驳苔生。（庚）便觉寸心尚老，故人前度谩丁宁。（青）空相误，袚兰曲水，挑菜东城。（庚）

第十二部　尤有宥独用（不举例）
第十三部　侵寝沁独用（不举例）

第十四部　覃、盐、咸；感、琰、豏；勘、艳、陷

声声慢　吴文英

凭高入梦，摇落关情，寒香吹尽空岩。（咸）坠叶消红，欲题秋思谁缄？（咸）重阳正隔残照，趁西风，不响云尖。（盐）乘半暝，看残山灌翠，剩水开奁。（盐）

暗省长安年少，几传杯吊甫，把菊招潜。（盐）身老江湖，心随归雁江南。（覃）乌纱倩谁重整？映风林，钩玉纤纤。（盐）漏声起，乱星河入影画檐。（盐）

第十五部　屋、沃

三部乐　吴文英

江鹍初飞，荡万里素云，际空如沐。（屋）咏情吟思，不在秦筝金屋。（屋）夜潮上，明月芦花，傍钓蓑梦远，句清敲玉。（沃）翠罂汲晓，欸乃一声秋曲。（沃）

片篷障雨乘风，半竿渭水，伴鹭汀幽宿。（屋）那知暖袍挟锦，低帘笼烛。（沃）鼓春波，载花万斛。（屋）帆鬣转，银河可掬。（屋）风定浪息，沧茫外，天浸寒绿。（沃）

第十六部　觉、药

尾 犯　柳 永

夜雨滴空阶，孤馆梦回，情绪萧索。（药）一片闲愁，想丹青难貌。（觉）秋渐老，蛩声正苦；夜将阑，灯光渐落。（药）最无端处，忍把良宵，只恁孤眠却。（药）

佳人应怪我，自别后，寡信轻诺。（药）记得当时，剪香云为约。（药）甚时向幽闺深处，按新词，流霞共酌。（药）再同欢笑，肯把金玉珍珠博！（药）

第十七部　质、陌、锡、职、缉

思远人　晏几道

红叶黄花秋意晚，千里念行客。（陌）飞云过尽，归鸿无信，何处寄书得？（职）泪弹不尽临窗滴。（锡）就砚旋研墨。（职）渐写到别来，此情深处，红笺为无色。（职）

此例只用陌锡职相通，是只用第十一部的入声。-k不与-t、-p混。这是较合诗律的例子。

品　令　秦　观

棹又擢。（锡）天然个，品格于中压一。（质）帘儿下，时把鞋儿踢。（锡）语低低，笑咭咭。（质）

每每秦楼相见，见了无限怜惜。（陌）人前强不欲相沾湿。（缉）把不定，脸儿赤。（陌）

这是-k、-t、-p相通的例子。实际上，当时未必还以-k、-t、-p收尾，也许已像现代吴音都只收一个［ʔ］。

第十八部　物、月、曷、黠、屑、葉

雨霖铃　柳　永

寒蝉凄切。（屑）对长亭晚，骤雨初歇。（月）都门帐饮无绪，方留恋处，兰舟催发。（月）执手相看，泪眼竟无语凝咽。（屑）念去去千里烟波，暮霭沉沉楚天阔。（曷）

多情自古伤离别，（屑）更那堪冷落清秋节？（屑）今宵酒醒何处？杨柳岸晓风残月。（月）此去经年，应是良辰好景虚设。（屑）便纵有千种风情，待与何人说？（屑）

这是只限于-t尾，不与-p尾相通的例子。

春草碧　李献能

紫箫吹破黄昏月。（月）簌簌小梅花，飘香雪。（屑）寂寞花底风鬟，颜色如花命如叶。（葉）千里浣凝尘，凌波袜。（月）

心事鉴影鸾孤，筝弦雁绝。（屑）旧时雪堂人，今华发。（月）肠断金缕新声，杯深不觉琉璃滑。（點）醉梦绕南云，花上蝶。（葉）

这是-t尾和-p尾通叶的。

第十九部　合、洽

惜余欢　黄庭坚

四时美景，正年少赏心，频启东阁。（合）芳酒载盈车，喜朋侣簪盍。（合）杯觞交飞劝酬献，正酣饮，醉公主陈榻。（合）坐来争奈，玉山未颓，兴寻《巫峡》。（洽）

歌阑旋烧绛蜡；（合）况漏转铜壶，烟断香鸭。（洽）犹整醉中花，借纤手重插。（洽）相将扶上，金鞍腰褭，碾春焙，愿少延欢洽。（洽）未须归去，重寻艳

歌，更留时霎。（洽）

《词律》"阎"字作"阁"，杜文澜云："按王氏校本阁作阎。"今按：恐仍当作"阁"。惟第十九部的例子很难找，姑且以此为例。

曲

一、曲的概说

词和曲，这两个名称都选择得不很好。现在普通所谓词，唐代叫作曲。因此，唐崔令钦《教坊记》所录的曲名，如《望江南》《浪淘沙》之类，也就是词名；而且有些词牌简直就叫作"曲"，例如《金缕曲》。现在普通所谓曲，元明两代却又有许多人叫作词，例如周德清《中原音韵》里面所谓词，都是指曲而言（周氏有《作词十法疏证》）；李玉《北词广正谱》，宁献王《涵虚子词品》，徐渭《南词叙录》等书所谓词，也都是曲；菉斐轩《词林韵释》和戈载《词林正韵》所谈的韵其实是曲韵。

但是，我们实在不必追究那些名称混乱的情形，只须就一般人所谓词和曲而去寻求它们的定义。实际上，词和曲是有分别的。我们前文中已经说明了什么叫作词，现在我们将要说明什么是曲。

依一般人看来，词和曲的最大分别是：前者只是一种变相的诗（最初是配音乐的，后来连音乐也不配了）；后者却是一种可以表演的戏剧，所以除了曲调之外还有科白。但是，我们不愿从这上头去说明词和曲的分别，因为：（一）科白之类不是诗，而我们只想从诗的本质上去分辨词和曲；（二）曲中有一种散曲，是和戏剧没有关系的，因此咱们不能说曲就是戏剧。

从诗的本质上看，词和曲的分别是：

（一）词的字句有一定；曲的字数没有一定，甚至在有些曲调里，增句也是可以的。

（二）词韵大致依照诗韵，曲韵则另立韵部。

（三）词有平上去入四声，北曲则入声被取消了，归入平上去三声。

曲有北曲南曲之分。依王易《词曲史》（页424）所论，它们的主要分别在乎：板式；谱式；套数；宫调。这些都和诗的本质没有关系。实际上，假使不管上述的四种情形，北曲和词的分别大，南曲和词的分别小。因此，我们为节省篇幅起见，预备撇开南曲不谈。现存的元曲中，除《琵琶记》外，都

240

是北曲。本章所论，一律以元曲为标准，因为每一种诗体在首创的时代，它的规律总是比较严格的。正像我们论诗宗唐、论词宗宋一样，我们论曲不能不宗元。

曲有杂剧、散曲之分。杂剧就是一种带着科白的歌剧（南曲里称为传奇），其中的曲调是剧中人唱的（往往是主角唱，而且往往全剧只有一个人唱）；散曲不是戏剧，没有科白，只是一种吟咏，较近于词。到底先有杂剧还是先有散曲呢？依我们猜想是先有杂剧，因为衬字是由歌曲而生的，没有歌曲则无所谓衬字了。

曲又有小令和套数之分。小令等于一首单调的词，套数则是几个或十余个曲调的组合。杂剧里只有套数，没有小令。散曲里有小令，也有套数。它们的关系如下图：

杂剧 —— 套数

散曲 —— 小令

曲一套，称为一折。普通全剧只有四折，或再加楔子。北曲共分为十二个宫调（大概说来是十二类的调子）。原则上，同套者必须同一宫调。十二宫调的名称如下：

| 1.黄　钟 | 2.正　宫 | 3.大石调 | 4.小石调 |
| 5.仙　吕 | 6.中　吕 | 7.南　吕 | 8.双　调 |

9.越　　调　　　10.商　　调　　　11.商角调　　　12.般涉调

这十二宫调当中，最常用的是正宫、仙吕、中吕、南吕和双调，其次是越调和商调（第一折往往用仙吕，其他三折随便），又其次是大石和黄钟，最罕见的是小石、商角和般涉。现在依照《中原音韵》，把七种常用的宫调里面的曲牌录出如下：

（一）正　　宫

端正好　滚绣球　倘秀才　灵寿杖（呆骨朵）

叨叨令　塞鸿秋　脱布衫　小梁州　醉太平

伴读书（村里秀才）　笑和尚　白鹤子　双鸳鸯

货郎儿　蛮姑儿　穷河西　芙蓉花　菩萨蛮

黑漆弩（学士吟、鹦鹉曲）　月照庭　六幺遍（柳梢青）

甘草子　三煞　啄木儿煞

（二）仙　　吕

端正好　赏花时　八声甘州　点绛唇　混江龙

油葫芦　天下乐　那吒令　鹊踏枝　寄生草　六幺序

醉中天　金盏儿（醉金钱）　醉扶归　忆王孙　一半儿

242

瑞鹤仙　忆帝京　村里迓鼓　元和令　上马娇　游四门

胜葫芦　后庭花（亦作煞）　柳叶儿　青哥儿　翠裙腰

六幺令　上京马　妖神急　大安乐　绿窗怨　穿窗月

四季花　雁儿　玉花秋　三番玉楼人　锦橙梅　双雁子

太常引　柳外楼　赚煞尾

（三）中　吕

粉蝶儿　叫声　醉春风　迎仙客　红绣鞋（朱履曲）

普天乐　醉高歌　喜春来（阳春曲）　石榴花　斗鹌鹑

上小楼　满庭芳　十二月　尧民歌　快活三　鲍老儿

红芍药　剔银灯　蔓菁菜　柳青娘　道和

朝天子（谒金门）　四边静　齐天乐　红衫儿

苏武持节（山坡羊）　卖花声（升平乐）　四换头

摊破喜春来　乔捉蛇　煞尾

（四）南　吕

一枝花　梁州第七　隔尾　牧羊关　菩萨梁州

玄鹤鸣（哭皇天）　乌夜啼　骂玉郎　感皇恩

采茶歌（楚江秋）　贺新郎　梧桐树　红芍药　四块玉

草池春（斗虾蟆）　鹌鹑儿　阅金经（金字经）

翠盘秋（干荷叶） 玉交枝 煞 黄钟尾

（五）双　调

新水令　驻马听　乔牌儿　沉醉东风　步步娇（潘妃曲）

夜行船　银汉浮槎（乔木查）　庆宣和

五供养月上海棠　庆东原　拨不断（续断弦）

搅筝琶　落梅风（寿阳曲）　风入松　万花方三叠

雁儿落（平沙落雁）　德胜令（阵阵赢、凯歌回）

水仙子（凌波仙、湘妃怨、冯夷曲）　大德歌　镇江回

殿前欢（小妇孙儿、凤将雏）　滴滴金（甜水令）

折桂令（秋风第一枝、天香引、蟾宫曲、步蟾宫）

清江引　春闺怨　牡丹春　汉江秋（荆襄怨）　小将军

庆丰年　太清歌　小阳关　捣练子（胡捣练）　秋莲曲

挂玉钩序　荆山玉（侧砖儿）　竹枝歌

沽美酒（琼林宴）　太平令　快活年　乱柳叶

豆叶黄　川拨棹七兄弟　梅花酒　收江南

挂玉钩（挂搭沽）　早乡词　石竹子　山石榴

醉娘子（醉也摩挲）　驸马还朝（相公爱）　胡十八

一锭银　阿纳忽　小拜门（不拜门）　慢金盏（金盏儿）

大拜门　也不罗（野落索）　小喜人心风流体　古都白

244

唐元夕　河西水仙子　华严赞　行香子　锦上花

碧玉箫　妖神急　骤雨打新荷　驻马听近　金娥神曲

神曲缠　德胜乐　大德乐　楚天遥　天仙令

新时令　阿忽令　山丹花　十棒鼓　殿前喜　播海令

大喜人心　醉东风　间金四块玉　减字木兰花

高过金盏儿　对玉环　青玉案　鱼游春水　秋江送

枳郎儿　河西六娘子　皂旗儿　本调煞　鸳鸯煞

离亭燕带歇指煞　收尾离亭燕煞

（六）越　调

斗鹌鹑　紫花儿序　金蕉叶　小桃红　踏阵马　天净沙

调笑令（含笑花）　秃厮儿（小沙门）　圣药王

麻郎儿　东原乐　络丝娘　送远行　绵搭絮　拙鲁肃

雪里梅　古竹马　郓州春　眉儿湾　酒旗儿　青山口

寨儿令（柳营曲）　黄蔷薇　庆元贞　三台印（鬼三台）

凭阑人　要三台　梅花引　看花回　南乡子　糖多令

雪中海　小络丝娘　煞　尾声

（七）商　调

集贤宾　逍遥乐　上京马　梧叶儿（知秋令）　金菊香

醋葫芦　挂金索　浪来里（亦作煞）　双雁儿　望远行

凤鸾吟　玉抱肚　秦楼月　桃花浪　高平煞　尾声

有同一曲而入两种以上的宫调者，例如：

仙吕双雁子（双燕子）即商调双雁儿（根据《北词广正谱》）。但是，有些完全同名的曲子，内容反倒是不同的：

端正好：正宫与仙吕不同。

上京马：仙吕与商调不同。

妖神急：仙吕与双调不同。

斗鹌鹑：中吕与越调不同。

红芍药：中吕与南吕不同。

其他各曲异同，有《北词广正谱》等书可考。

在原则上，同一套内的曲，必须同一宫调，但有时也可以借宫。借宫是有相当限制的。普通借宫的情形如下：

正　宫：叫　声（借中吕）　　鲍老儿（借中吕）

十二月（借中吕）　　尧民歌（借中吕）

快活三（借中吕）　　朝天子（借中吕）

村里迓鼓（借仙吕）　元和令（借仙吕）

上马娇（借仙吕）　　胜葫芦（借仙吕）

仙　吕：得胜乐（借双调）

南　吕：水仙子（借双调）　　荆山玉（借双调）

　　　　竹枝歌（借双调）　　神仗儿（借黄钟）

中　吕：脱布衫（借正宫）　　小梁州（借正宫）

　　　　哨　遍（借般涉）

　　　　耍孩儿（借般涉，最常见）

　　　　六幺遍（借正宫）　　六幺序（借仙吕）

　　　　白鹤子（借正宫）　　滚绣球（借正宫）

　　　　倘秀才（借正宫）　　蛮姑儿（借正宫）

　　　　穷河西（借正宫）　　呆骨朵（借正宫）

　　　　伴读书（借正宫）　　笑和尚（借正宫）

　　　　后庭花（借仙吕）　　双鸳鸯（借正宫）

　　　　墙头花（借般涉）

双　调：干荷叶（借南吕）　　梧桐树（借南吕）

　　　　金字经（借南吕）　　金盏儿（借仙吕）

　　　　卖花声煞（借中吕）

越　调：醉中天（借仙吕）　　醉扶归（借仙吕）

商　调：后庭花（借仙吕）　　青哥儿（借仙吕）

　　　　春闺怨（借双调）　　雁儿落（借双调）

　　　　得胜令（借双调）　　小梁州（借正宫）

牡丹春（借双调）　　秋江送（借双调）

双雁儿（借仙吕）　　柳叶儿（借仙吕）

上京马（借仙吕）　　山坡羊（借中吕）

四季花（借仙吕）　　元和令（借仙吕）

上马娇（借仙吕）　　游四门（借仙吕）

胜葫芦（借仙吕）　　节节高（借黄钟）

四门子（借黄钟）

　　由上所述，可见借宫也不是随便可借的，大约须宫调相近，然后可借。譬如正宫与中吕、仙吕相近，中吕与正宫、般涉相近，双调与南吕相近，商调与仙吕、双调相近，等等。散曲的套数则不借宫。

　　有些曲子是有连带关系的，往往是两三个曲子共成一组，不可分割。每套的开始第一组大致如下：

正　宫：端正好　滚绣球　倘秀才

仙　吕：点绛唇　混江龙　油葫芦　天下乐（偶有例外）

中　吕：粉蝶儿　醉春风

南　吕：一枝花　梁州第七

双　调：新水令　驻马听（或步步娇）

越　调: 斗鹌鹑　紫花儿序

商　调: 集贤宾　逍遥乐

其他各组如下:

正　宫: 倘秀才与滚绣球 (这两个曲子叫作子母调, 可
　　　　以轮流连用至数次)　脱布衫与小梁州

仙　吕: 那吒令与鹊踏枝、寄生草 (寄生草较有独立性)

中　吕: 快活三与朝天子 (或鲍老儿)　剔银灯与蔓菁菜
　　　　石榴花与斗鹌鹑　十二月与尧民歌

南　吕: 隔尾与牧羊关　玄鹤鸣 (哭皇天) 与乌夜啼
　　　　红芍药与菩萨梁州　骂玉郎与感皇恩、采茶歌

双　调: 雁儿落与得胜令　滴滴金 (甜水令) 与折桂令
　　　　川拨棹与七弟兄　梅花酒与收江南 (往往跟着上
　　　　一组)　沽美酒与太平令

越　调: 调笑令与小桃红 (多数)　秃厮儿与圣药王
　　　　东原乐与绵搭絮 (多数)　黄蔷薇与庆元贞

商　调: 金菊香与醋葫芦 (或凤鸾吟)

因此, 在小令里, 有带过的办法 (或简称带或兼), 例如

骂玉郎带过感皇恩、采茶歌，雁儿落带过得胜令，黄蔷薇带庆元贞，齐天乐带红衫儿等。

一个剧本的开始，可以先来一个楔子；甚至一折的开始也可以有楔子，不过罕见罢了。楔子往往是仙吕《赏花时》，或仙吕《端正好》。一个曲子完了，如果意犹未尽，可以来一个幺篇。幺篇大概就是前腔的意思，有时候字句稍有增减。

现在谈到小令。并非每一个曲牌都可用为小令。滚绣球、倘秀才之类是限用于杂剧和套数的。普通常见的元人小令只有下列这些曲子（最常见者加点为号）：

正　宫：塞鸿秋　醉太平　小梁州　六幺遍　叨叨令
鹦鹉曲

仙　吕：寄生草　醉中天　一半儿　游四门　后庭花
青哥儿　四季花　锦橙梅　三番玉楼人　太常引

中　宫：朝天子（谒金门）　红绣鞋　山坡羊　迎仙客
喜春来（阳春曲）　上小楼　满庭芳　乔捉蛇
鹊打兔　醉春风　快活三　尧民歌　摊破喜春
来　卖花声（升平乐、齐天乐带过红衫儿）

南　吕：四块玉　阅金经（金字经）　干荷叶　玉娇枝
骂玉郎带过感皇恩、采茶歌

双　调： 大德歌　大德乐　沉醉东风　碧玉箫　庆东原

驻马听拨不断　寿阳曲（落梅风）

折桂令（蟾宫曲）　百字折桂令　清江引

殿前欢　水仙子　雁儿落带得胜令　新时令

秋江送　十棒鼓　妖神急　楚天遥　播海令

青玉案　殿前喜　华严赞　山丹花　鱼游春水

骤雨打新荷　步步娇　太平令　梅花酒

小将军　阿纳忽　捣练子　春闺怨　快活年

皂旗儿　枳郎儿　庆宣和　风入松

越　调： 天净沙　小桃红　凭阑人　寨儿令（柳营曲）

黄蔷薇带庆元贞　糖多令　小络丝娘

商　调： 梧叶儿（知秋令）　百字知秋令　望远行

玉抱肚　秦楼月（忆秦娥）　满堂红

商调水仙子　芭蕉延寿　蝶恋花

黄　钟： 人月圆　刮地风　书夜乐

曲牌和词牌相同者颇多，也许当初同出一源（不一定都是）；但就事实上看来，有些虽然相同，有些却大不相同。就北曲而论，曲与词名同而实亦同者，有下列各曲（曲皆单调，不似词有双阕）：

点绛唇　太常引　忆王孙　风入松（同词的第一体）

糖多令　秦楼月（同前阕或后阕均可）　南乡子　念奴娇

鹊踏枝（双调）　青杏儿　鹧鸪天

大致相同者，有下列各曲：

青玉案　忆帝京　粉蝶儿　昼夜乐　喜迁莺　女冠子

归塞北（望江南）　醉春风　夜行船　梅花引　集贤宾

瑞鹤仙

名同而实不同者，有下列各曲：

捣练子　调笑令　醉太平　贺圣朝　鹊踏枝（仙吕）

感皇恩　离亭宴（燕）　六幺令　八声甘州　哨　遍

踏莎行　应天长　后庭花　望远行　乌夜啼　贺新郎

满庭芳　剔银灯　最高楼（醉高歌）　女冠子　滚绣球

天下乐　金盏儿　朝天子　齐天乐　卖花声　四换头

玉交枝　驻马听　滴滴金　豆叶黄　川拨棹（拨棹子）

减字木兰花　雁过南楼　金蕉叶　逍遥乐　黄莺儿

玉抱肚　垂丝钓

252

有些曲子，名称虽不和词相同，实际上是词的变相。最显明的例子是《一半儿》。它是《忆王孙》的变相。试比较下面的两个例子：

忆王孙（香闺）　　秦　观

萋萋芳草忆王孙。柳外楼高空断魂。杜宇声声不忍闻。欲黄昏，雨打梨花深闭门。

一半儿（野桥）　　张可久

海棠香雨污吟袍，薜荔空墙闲酒瓢，杨柳晓风凉野桥。放诗豪，一半儿行书，一半儿草。

"儿"是衬字；除了"儿"字不算，字数和格式都和《忆王孙》相同。《一半儿》普通在末句仄煞，《忆王孙》普通在末句平煞，这是小小的区别。但《一半儿》亦有平煞者，如赵善庆《寻梅》"一半儿衔着一半儿开"；《忆王孙》入曲后亦有仄煞者，如白仁甫《梧桐雨》"苔浸凌波罗袜冷"。总之，它们的关系是很明显的。

单就诗的本质来说，曲实在就是词的一种，在杂剧和传奇里，它是戏剧中的词。再溯得远些，词又是诗的一体，所以杂剧和传奇又是一种诗剧。就散曲说，曲和词的界限更难分了。咱们不能以曲牌与词牌的名称之不同来把它们分成两种诗体。在上文我们以韵部的不同和声调的不同来辨别曲和词，也只不过是一种说法。其实，到了元代，实际口语和唐代的语音相差得太远了，作曲的人不能不顺着自然的趋势，去变更曲的韵部和调类。严格地说，在诗的本质上，这声韵方面并不能说有很大的关系。那么，曲和词的最大分别就在于有无衬字。这就是下节所要讨论的了。

二、衬字和字句的增损

衬字，就是在曲律规定必需的字之外增加的字。就普通说，这种衬字在歌唱时，应该轻轻地带过去，不占重要的拍子；尤其北曲是如此。试比较下面的一首词的《念奴娇》和一首曲的《念奴娇》：

石头城　　萨都剌

石头城上，

望天低，

吴楚眼空无物。

㑇梅香　　郑德辉

惊飞幽鸟，

荡残红，

扑簌簌胭脂零落。

254

指点六朝形胜地，　　　门掩苍苔书院悄，

惟有青山如壁。　　　　润破窗纸偷瞧。

蔽日旌旗，　　　　　　则为一操瑶琴，

连云樯橹，　　　　　　一番相见，

白骨纷如雪。　　　　　又不曾道闲期约。

大江南北，　　　　　　多情多绪，

消磨多少豪杰！　　　　等闲肌骨如削！

曲中的"扑、则为、又不"，都是衬字。就意义上说，衬字往往是些无关重要的字。就音韵上说，衬字不能用于重音，因此，衬字不能用于句末（这里的句指sentence），尤其是不能用作韵脚。

要知道句末无衬字，必须先知曲子的句末无轻音。情貌词和语气词如"着、了、啊（呵）"等字，及词尾"儿"字，在现代普通话里念轻音的，在元曲里的句末都念重音，例如：

霍霍的揭动朱帘时你等着（韵），剥剥的弹响窗棂时，痴痴的俺来了。（郑德辉《㑇梅香》）

则这夜到明，明到夜，夜到晓（韵），可早刮马也似光阴过了。（王仲文《张子房》）

欲审旧题诗（韵），支关上阁门儿。（无名氏《游四
门》小令）

待推来怎地推（韵）？不招承等甚的？（孙仲章《勘
头巾》）

我则道拂花笺，打稿儿（韵），元来他染霜毫，不勾
思。（王实甫《西厢记》）

不是见吃闪着亏你劝不的（韵），把俺死央及。（王
伯成《天宝遗事》）

势到来如之奈何（韵）！若是楚国天臣见了呵（韵），
其实难回避，怎收撮？（无名氏《气英布》）

非但句末的衬字不可能，连一个停顿处（pause）普通也
不用衬字。像上文所举郑德辉《㑇梅香》里"弹响窗棂时"的
"时"字用为衬字，是罕见的例外。

最常见的衬字自然是用于句首的（这里的句是指句子形
式）。这种衬字有虚字，有实字，最不拘，例如：

石榴花

大师一一向行藏，小生仔细诉衷肠：自来西洛是吾乡；
宦游四方，寄居咸阳。先人拜礼部尚书多名望，五旬上因

病身亡。平生正直无偏向，止留下四海一空囊！（王实甫《西厢记》）

上小楼

小生特来见访，大师何须谦让？这钱也难买柴薪，不勾斋粮，且备茶汤。你若有主张，对艳妆，将言词说上，我将你众和尚死生难忘！（王实甫《西厢记》）

至于句中，原则上只能用虚字。这里所谓虚字，包括情貌词"了"和"着"，助动词"将"和"把"，副词"也"和"又"，后附号"的、行"，以及"里、般、来、这、那、他、我"等字，又叠字的第二字亦可归入此类。现在分别举例如下：

"了"字：

游了洞房，登了宝塔。（王实甫《西厢记》）
且休泄漏了天机。（曾瑞卿《留鞋记》）
泄漏了春光。（无名氏《杜鹃啼》）

"着"字：

腕鸣着金钏，裙拖着素练。（关汉卿《玉骢丝控》）

你则合小心儿镇守着夹山寨。（李直夫《虎头牌》）

我向竹篱茅舍枕着山腰。（李寿卿《叹骷髅》）

殿阶前空立着正直碑。（尚仲贤《王魁负桂英》）

"将"字和"把"字：

不向村务里将琴剑留，仓廒中把米麦收。（无名氏《丽人天气》）

将耳朵儿撅了把金莲中颤。（无名氏《乔捉蛇》小令）

"也"字：

便是铁石人也意惹情牵。（王实甫《西厢记》）

壮志也消磨。（张云庄《梅花酒》小令）

"又"字：

行者又嚷，沙弥又哨。（王实甫《西厢记》）

更俄延又恐怕他左猜。（马致远套数《集贤宾》幺篇）

"的"字：

我是他亲生的女。（关汉卿《金线池》）

送女的霜毫笔，守亲的石砚台。（王实甫《芙蓉亭》）

以此上不免的依随。（王伯成《天宝遗事》）

眼脑里嗤嗤的采揪抟。（关汉卿《调风月》）

"行"字：

不是我兄弟行偃落，婶子行熬煎，向侄儿行埋怨。（李直夫《虎头牌》）

"里"字：

每日向茶坊酒肆勾阑里串。（李直夫《虎头牌》）

猛可里见姨夫。（无名氏《翠楼红袖》）

少不得北邙山下丘土里埋。（无名氏《秋江送》小令）

"般"字：

有韦娘般风度，谢女般才能。（商政叔《拈花惹草心》）

蠹鱼般不出费钻研。（王实甫《西厢记》）

黑锭般髭须。（明贾仲明《金童玉女》）

有一千般歹斗处。（王伯成《天宝遗事》）

"来"字：

向前来推那玉兔鹘。（关汉卿《调风月》）

若得他来双双配偶。（白仁甫《御水流红叶》）

度量来非为人谗谮。（朱庭玉《既不知心》）

气昂昂九尺来彪躯。（王伯成《天宝遗事》）

"这"字：

你看这迅指间乌飞兔走。（不忽麻《身卧槽丘》）

曲卖了这庄田。（张酷贫《汗衫记》）

"那"字：

他越把那庞儿变。（关汉卿《玉聪丝控》）

"他"字：

料应他必定是个中人。（张小山《锦橙梅》小令）

"我"字：

闪的我孤单。（无名氏《鱼游春水》小令）
不着我题名儿骂。（无名氏《三番玉楼人》小令）

"俺"字：

兀的不思量杀俺也么天。（关汉卿《玉聪丝控》）
大古是知重俺帝王家。（白仁甫《梧桐雨》）

261

"个"字：

谁是谁非辨个清浊。（康退之《黑旋风负荆》）

但见个客人，厌得倒褪。（王实甫《西厢记》）

留下这买路钱，别有个商议。（白仁甫《箭射双雕》）

虽是个女流辈。（商政叔《拈花惹草心》）

"些"字：

玉容上带着些寂寞色。（马致远套数《集贤宾》幺篇）

无些儿效功。（白仁甫《东墙记》）

"和"字：

古和今都是一南柯。（张云庄《急流勇退》）

"价"字：

我每日价枕冷衾寒。（关汉卿《绯衣亭》）

262

"厢"字：

　　耳边厢金鼓连天。（王实甫《西厢记》）

叠字：

　　相公又恶噷噷乖劣。（白仁甫《墙头马上》）
　　醉醺醺酒淹衫袖湿。（无名氏《四季花》小令）
　　则见那瘦岩岩影儿可喜杀。（马致远《汉宫秋》）
　　败叶儿淅零零乱飘。（明杨景言套数《二郎神》）
　　那绿依依翠柳。（同上）

　　每句可衬多少字，并没有一定的规律。大致说来，小令衬字少，套数衬字多，杂剧衬字更多。与词名实都同的曲子，衬字也往往较少，甚至不衬字（如《鹧鸪天》《秦楼月》《粉蝶儿》《太常引》）。有些专为小令的曲子，如《干荷叶》《金字经》之类，也是不衬字的。

　　衬字既没有一定，因此由衬一字至衬十余字都有。现在分别举例如下：

衬一字：

想莺莺意儿，怎不教人梦想眠思？（王实甫《西厢记·贺圣朝》）

早是俺多病多愁。（关汉卿套数，《鲍老三台滚》）

又不疼不痛病恹恹。（曾瑞卿《闷登楼》套数，《醋葫芦》）

他一派胡言都是空。（白仁甫《东墙记·东原乐》）

衬二字：

立呵丹青仕女图，坐呵观世音自在居，睡呵羊脂般卧着美玉，吹呵韵轻清彻太虚，弹呵抚冰弦断复续，歌呵白苎宛意有余，舞呵彩云簇掌上珠。（明贾仲明《金童玉女》）

正值暮春时节。（商政叔套数，《玉抱肚》）

则被这一片野云留住。（王实甫《丽春堂·东原乐》）

则今番不和你调喉舌。（花李郎《勘吉平·圣药王》）

衬三字：

我为他使尽了心，他为我添消瘦。（庾吉甫《迤里秋来到》套数，《凤鸾吟》）

眼见的枕剩帏空，怎教的更长漏永？（白仁甫《东墙记·斗鹌鹑》）

瘦岩岩香消玉减，冷清清夜永更长，孤另另枕剩衾余。（宋方壶《落日遥岑》套数，《紫花儿序》）

我着你但去处行监坐守，谁着你迤逗的胡行乱走。（王实甫《西厢记·金蕉叶》）

只恐怕嫦娥心动，因此上围住广寒宫。（王实甫《西厢记·小桃红》）

便似亲引领着侵疆入界。（王伯成《天宝遗事·耍三台》幺篇）

衬四字：

自从在我山林住，惯纵的我礼数无。（王实甫《丽春堂·东原乐》）

伴着的是茶药琴棋笔砚书。（白仁甫《东墙记·绵搭

絮》）

论文呵有周公礼法，论武呵代天子征伐。（乔梦符《两世姻缘·绵搭絮》）

到闪得我三梢末尾。（郑德辉《月夜闻笛》）

共娘娘做取个九月九。（关汉卿《哭香囊·绵搭絮》）

衬五字：

遮莫拷的我皮肉烂。（关汉卿《金线池》，仙吕《端正好》幺篇）

不想驴背上吃了一交。（无名氏《纸扇记·鹌鹑儿》）

则这的便是玄关一窍。（邓玉宾《丫髻环绦·后庭花》）

大刚来则是夫妻福齐。（郑德辉《月夜闻笛》）

那厮分不的两部鸣蛙。（马致远《青衫泪·红芍药》）

直睡到红日三竿未起。（吴止庵套数，《逍遥乐》）

俺这一对儿美爱夫妻宿缘招。（明贾仲明《金童玉女·四块玉》）

又被这半凋谢的垂杨树间隔。（马致远《黄粱梦·高过浪来里》）

怕的是灯儿昏月儿暗雨儿斜。（无名氏《望远行》小令）

听不得凤嘴声残冷落了玉笙。（乔梦符《两世姻缘》，
商调《上京马》）

衬六字：

俺先人甚的是浑俗和光。（王实甫《西厢记》，越调
《斗鹌鹑》）

兀的不送了他三百僧人。（同上，《六幺序》幺篇）

那厮每贩的是紫草红花。（马致远《青衫泪·红芍药》）

子母每轮替换当朝贵。（宫大用《范张鸡黍·六幺序》）

他每一做一个水山浮沤。（关汉卿《救风尘·逍遥乐》）

甚几曾素闲了半日。（朱廷玉套数，《梁州第七》）

吃酒的问甚么九担十瓶。（无名氏《您为衣食》套数，
越调《斗鹌鹑》）

自从那盘古时分天地，便有那汉李广养由基。（白仁甫
《李克用·蔓菁菜》）

好把他那听是非的耳朵儿揪着。（明杨景言《景萧索》
套数，商调《尾声》）

忽惊起潇湘外塞雁儿叫破汀沙。（明李唐宾《望远行》
小令）

衬七字：

　　写不就碧云笺上锦字书缄。（无名氏《鸳鸯冢·哭皇天》）

　　不索问转轮王把恩仇论。（李取进《栾巴噀酒·草池春》）

　　寡人亲捧一盏儿玉露春寒。（白仁甫《梧桐雨》）

　　老则老老不了我一片忠心贯白日。（无名氏《不伏老·耍三台》）

　　动羁杯西风禾黍秋水蒹葭。（白无咎《百字折桂令》）

　　我怎肯跟将那贩茶的冯魁去？（关汉卿《金线池》，仙吕《端正好》幺篇）

　　我也曾拳到了倒了碑亭。（无名氏《浮沤记·四季花》）

衬八字：

　　他醉呵晚风前垂柳翠扶疏。（明贾仲明《金童玉女·河西后庭花》）

　　可则又冻的我这脚尖儿麻。（李文蔚《燕青博鱼·喜秋风》）

　　你看我再施呈生擒王世充当日威风，你看我重施展活捉雷世

268

猛当时气力。（无名氏《不伏老·耍三台》）

我道来胜似你心肠儿的敢到处里有。（庾吉甫《迤里秋来到》套数，商调《尾声》）

衬九字：

这的是爱小妇休前妻到头下梢。（无名氏《纸扇记·鹌鹑儿》）

三行两行写长空呖呖雁落平沙。（白无咎《百字折桂令》小令）

衬十字：

有几多说不尽人不曾的偏僻，风流，是非。（朱廷玉套数，《梁州第七》）

险些儿不忧的咱忧的咱意攘心间。（无名氏《连环记·草池春》）

哎那颜咬儿只不毛几赖你与我请过来。（无名氏《罟罟旦·古竹马》）

衬十九字：

你是个揪不折拽不断推不转揉不碎扯不开慢腾腾千层锦套头。

（关汉卿《出墙花朵朵》，南吕《收尾》）

衬二十字：

我正是个蒸不熟煮不烂炒不爆捶不碎打不破响当当一粒铜菀

豆。（同上）

由上面这些例子看来，衬六七个字颇为常见，甚至有衬

二十字的。大约衬字越多，音节越促。譬如上面所举衬十九字

和衬二十字两个例子，我们可以想象得到它们极端迅速地一连串

念下去的。因此，曲子的断句，有时候是和散文不同的。譬如

上面所举的无名氏《望远行》小令："怕的是灯儿昏，月儿

暗，雨儿斜。"《北词广正谱》注云："灯儿三叠只作七字句

看。"意思是说，除了衬字之外，就只剩一个七字句："灯昏

月暗雨儿斜。"

以全首而论，有些曲子是衬字比曲字还多的。现在我们试

举出两个最明显的例子：

百字知秋令（小令）　　王和卿

绛蜡残半明不灭寒灰看时看节落，沉烟烬细里末里微分明日里渐里消。碧纱窗外风弄雨昔留昔零打芭蕉；恼碎芳心近砌下啾啾唧唧寒蛩闹，惊回幽梦丁丁当当檐间铁马敲。半敧单枕乞留乞良捱彻今宵，只被这一弄儿凄凉断送的愁人登时间病了。

曲字卅九，衬字六十一。

播海令（杂剧《罟罟旦》）　　无名氏

哎你个淹答的官人你便休怪：若有俺那千户见了你个官人这其间，杀羊也那造酒宰马敲牛为男儿不在。帐房里没甚么甚么东西东西这的五隔。一来是为人做客，二来甫问年高三来是看上敬下敢道小觑俺这腰间明滴溜的虎头牌。

曲字廿八，衬字六十六。

又据《北词广正谱》所述孔文卿《东窗事犯·醉春风》里面的一段：

我单道着你，你休笑我秽，我这里面倒干净似你！

曲字三，衬字十六。

原注云："三字衬作三句，然只作三字看。"可见衬字有比曲字多到五倍以上的。

周德清《中原音韵》所载曲调三百十五章当中，有十四章是注明"句字不拘，可以增损"的：

正宫：端正好　货郎儿　煞尾

仙吕：混江龙　后庭花　青哥儿

南吕：草池春　鹌鸿儿　黄钟尾

中吕：道和

双调：新水令　折桂令　梅花酒　尾声

依《北词广正谱》所载，正宫《端正好》句字不可增损，而是仙吕《端正好》句字可以增损。又《广正谱》于此十四章外加仙吕《六幺序》，南吕《玄鹤鸣》《收尾》，双调《搅筝琶》，共成十八章。

这所谓句字可以增损，是和衬字不同的。衬字是曲字以外的字；而周德清所谓句字可以增损，则是曲字本身可以增损。试看下面的两首《后庭花》（增加的句字以．为号）：

后庭花（小令） 吕止庵

湖山曲水重，楼台烟树中。人醉苏堤月，风传贾寺钟。冷泉东，行人频问，飞来何处峰？

后庭花（《西厢记》） 王实甫

我则道拂花笺打稿儿，元来他染霜毫不勾思。先写下几句寒温序，后题着五言八句诗。不移时，把花笺锦字，叠做个同心方胜儿。忒风流忒煞思；忒聪明忒浪子。虽然是假意儿，小可的难到此。

"我则道"和"元来他"之类是衬字，只有"拂"和"染"是增字，增和衬的分别是很显然的。"忒风流"以下是增句。又如（增处用 . 号，减处用〇号）：

新水令 第一式（杂剧《箭射双雕》） 白仁甫

晚风寒峭透窗纱，控金钩绣帘不挂。门阑凝暮霭，楼阁敛残霞。恰对菱花，楼上晚妆罢。

这首当作正则的《新水令》；所谓增损，以此为准。

新水令　第二式（套数）　　元好问

一声啼鸟落花中，惜花心又还无用。○○深院宇，○○小帘栊。点检春工，夕阳外绿阴重。

新水令　第三式（杂剧《浮沤记》）　　无名氏

正黄昏庭院景凄凄，哭啼啼，泪双垂。走的软兀剌一丝无两气。淅零零的小路险，昏刺刺的晚风吹。脚步儿刚移，一步步行来到枉死地。

新水令　第四式（套数）　　无名氏

闲争夺鼎沸了丽春园，久排场不堪久恋。时间相敬爱，端的怎团圆？○○○○白没事教人笑惹人怨。

新水令　第五式（套数）　　无名氏

大明开放九重天，拜紫宸玉楼金殿。红摇银烛影，香袅玉炉烟。奏凤管冰弦，唱大曲梨园，列文武官员，降玉府神仙，齐贺太平年。

句字可以增损的曲调绝不止如周德清所指出的十四章，例如：南吕《玄鹤鸣》（《哭皇天》）就是《北词广正谱》所谓

"句字不拘，可以增损，周德清失注"的。这些都用不着多举例，因为在下文第八节的《曲谱举例》里，对于句字可以增损的曲调，我们是另作一谱或加以说明的。

此外，另有一种语法上的衬字。普通的口语里是用不着这种衬字的；在曲子里，有时候需要这种闲字来凑足字数，或显出一种特殊的风趣。这种语法上的衬字，最显明的就是用于句末的，例如《叨叨令》的"也么哥"：

兀的不冻杀人也么哥！兀的不冻杀人也么哥！（无名氏《杀狗劝夫》）

老了人也么哥！老了人也么哥！（张可久小令）

及《醉娘子》的"也么天"或"也摩挲"（较罕见）：

你莫不真的待要去也么天……兀的不思量杀俺也么天！（关汉卿套数《玉聪丝控》）

真个醉也摩挲，真个醉也摩挲。（王伯成套数《四时湖水》）

但最特别的还是夹在一个仂语的中间，例如：

因此上瘸膁跛足践尘埃。哀也波哉！（岳伯川《铁拐李·尧民歌》）（"哀也波哉"等于说"哀哉"）

则俺这村也波坊，不比那府共州。（无名氏《桃花女·天下乐》）（"村也波坊"等于说"村坊"）

抡的柄铜锹分外里险。（宋方壶套数《落日遥岑》）（"分外里险"等于说"分外险"）

沉烟烬细里末里微分间日里渐里消。（王和卿《百字知秋令》）（"细里末里"等于说"细末"，"日里渐里"等于说"日渐"）

闷拂银筝暂也那消停。（明李唐宾《望远行》小令）（"暂也那消停"等于说"暂消停"）

听了些晨钟的这暮鼓。（王实甫《西厢记》）（"晨钟的这暮鼓"等于说"晨钟暮鼓"）

凤凰台下凤凰台，也波台；凤凰台上凤凰来，也波来。天籁地籁闻人籁，也波籁。（明贾仲明《金童玉女》杂剧，《满堂红》）（多了一个"台"字、一个"来"字和一个"籁"字，与上面那些例字稍有不同）

这种语法上的衬字，有些可以当作曲字，有些只能当作普通的衬字。这也不值得仔细去追究了。

汉语六谈

能表者是躯干，所表者是灵魂。而文艺作品之所以足贵，自然在灵魂而不在躯壳。

谈谈怎样读书[①]

首先谈读什么书。

中国的书是很多的，光古书也浩如烟海，一辈子也读不完，所以读书要有选择。清末张之洞写了一本书叫《书目答问》，是为他的学生写的，他的学生等于我们现在的研究生。他说写这本书有三个目的：第一个目的是给这些学生指出一个门径，从何入手；第二个目的是要他们能选择良莠，即好不好，好的书才念，不好的书不念；第三个目的是分门别类，再加些注解，以帮助学生念书。从《书目答问》看，读书就有个选择的问题，好书才读，不好的就不用读。他开的书单子是很长的，我们今天要求大家把他提到的书都读过也不可能，今天读书恐怕要比《书目答问》提出的书少得多，我们没有那么多

---

① 本文节选自王力1979年9月一次给研究生讲课的记录，略去其中讲读《说文段注》《马氏文通》部分。——编者注

时间，因此，选择书很重要。到底读什么不读什么？拿汉语史来说，所有有关汉语史的书都读，那也够多了，也不可能。而且如果是一本坏书，或者是没有用处的书，那就是浪费时间，不只是浪费时间，有时还接受些错误的东西，所以选择书很重要，如对搞汉语史的来说，倘若一本书是专门研究六书的，或者专门研究什么叫转注的，像这样的书就不必读，因为对研究汉语史没什么帮助。读书要有选择，这是第一点，可以叫去粗取精。

第二点叫由博返约。对于由博返约，现在大家不很注意，所以要讲一讲。我们研究一门学问，不能说限定在那一门学问里的书我才念，别的书我不念。你如果不读别的书，只陷于你搞的那一门的书里边，这是很不足取的，一定念不好，因为你的知识面太窄了，碰到别的问题你就不懂了。过去有个坏习惯，研究生只是选个题目，这题目也相当尖，但只写论文了，别的书都没念，将来做学问就有很大的局限性，如果将来做老师，那就更不好了。作为汉语史的研究生除了关于汉语史的一些书要读，还有很多别的书也要读，首先是历史，其次是文学，多啦，还是应该从博到专，即所谓由博返约。

第三点，要厚今薄古。这是什么意思呢？这是因为从前人的书，如果有好的，现代人已经研究，并加以总结加以发挥了。我们念今人的书，古人的书也包括在里边了。如果这书质量不高，没什么价值，那就大可不念。《书目答问》就曾提到过这一点，他说他选的大多是清朝的书，有些古书，也是清朝人整理并加注解的，比如经书，十三经，也是经清朝人整理并加注解的。从前，好的书，经清朝人整理就行了，不好的书，清朝人就不管它了。他的意思，也就是我刚才说的那个意思。他的话可适用于现在，并不需要把很多古书都读完，那也做不到。

其次谈怎样读书。

首先应读书的序例——序文和凡例。过去我们有个坏习惯，以为看正文就行了，序例可以不看。其实序例里有很多好东西。序例常常讲到写书的纲领、目的，替别人作序的，还讲书的优点。凡例是作者认为应该注意的地方。这些都很好，而我们常常忽略。《说文》的序是在最后的，我建议你们念《说文段注》把序提到前面来念。《说文序》，段玉裁也加了注，更应该念。《说文段注》有王念孙的序，很重要。主要讲《说文段注》之所以写得好，是因为他讲究音韵，掌握了古音，能从音到义。王念孙的序把段注整部书的优点都讲了。再如《马氏文通》序和凡例也是很好的东西，序里边有句话："会集众字以成文，其道理终不变。"意思是说许多单词集合起来就成文章了，它的道理永远不变。他上面讲到了字形常有变化，字音也常有变化，只有语法自始至终是一样的。当然他这话并不全面，语法也会有变化的，但他讲了一个道理，即语法的稳定性。我们的语法自古至今变化不大，比起语音的变化差得远，语法有它的稳定性。另外，序里还有一句话："字之部分类别，与夫字与字相配成句之义。"这句意思是说研究语法，首先要分词类，然后是这些词跟词怎么搭配成为句子。语法就是讲这个东西，这句话把语法的定义下了，这定义至少对汉语是适用的。《马氏文通》的凡例更重要，里边说，《孟子》的两句话"亲之欲其贵也，爱之欲其富也"，"之"是"他"的意思，"其"也是"他"的意思，为什么不能互换呢？又如，《论语》里有两句话："爱之能勿劳乎？忠焉能勿诲乎？"两句格式很相像，为什么一句用"之"，一句用"焉"？《论语》里有两句话："俎豆之事，则尝闻之矣；军旅之事，则未之学也。"这两句话也差不多，为什么一句用"矣"，一句用"也"呢？这你就非懂语法不可。不懂，这句话就不能解释。从前人念书，都不懂这些，谁也不知道提出这个问题来，更不知怎么解答了。这些问题从语法上很好解释，根据马氏的说法，参照我的意见，可以这样解释，"亲之欲其贵也，……"为什么"之、其"不能互换？因为"之"只能用作宾语，"其"相反，不能用作宾语。"之、其"的任务是区别开的，所以不能互换。"爱之能勿劳乎？忠焉能勿诲乎？"为什么"爱之"用"之"，"忠焉"用"焉"？因为"爱"是及物动词，"忠"是不及物动词，"爱"及物，用"之"，"之"是直接宾语；"忠"不及物，只能用"焉"，因为"焉"是间接宾语。再有，"俎豆之事，则尝闻之矣；军旅之事，则未之学也"，"矣"是表示既成事实，事情已完成；"未之学也"，是说这事没完成，没这事，所以不能用"矣"，只能用"也"。凡没完成的事，只能用"也"，不能用"矣"。从语法讲，很清楚。不懂语法，古汉语无从解释。他这样一个凡例有什么好处呢？说明了人们为什么要学语法，他为什么要写一本语法书。不单是《说文段注》和《马氏文通》这两部书，别的书也一样，看书必须十分注意序文和凡例。

其次，要摘要做笔记。读书要不要写笔记？应该要的。现在人们喜欢在书的旁边圈点，表示重要。这个好，但是还不够，最好把重要的地方抄下来。这有什么好处呢？张之洞《书目答问》中有一句话很重要，他说："读书不知要领，劳而无功。"一本书，什么地方重要，什么地方不重要，你看不出来，那就劳而无功，你白念了。现在有些人念书能把有用的东西吸收进去，有的人并没有吸收进去，看了就看了，都忘了。为什么？因为他就知道看，不知道什么地方是好的，什么地方是最重要的，精彩的，即张之洞所谓的要领，他不知道，这个书就白念了。有些人就知道死记硬背，背得很多，背下来有没有用处呢？也还是没有用处。这叫劳而无功。有些人并不死记硬背，有些地方甚至马马虎虎就看过去了，但念到重要的地方他就一点不放过，把它记下来。所以读书要摘要做笔记。

第三点，应考虑试着做眉批，在书的天头上加自己的评论。看一本书如果自己一点意见都没有，可以说你没有好好看，你好好看的时候，总会有些意见的。所以最好在书眉，又叫天头，即书上边空的地方做些眉批。试试看，我觉得这本书什么地方好，什么地方不合适，都可以加上评论。昨天我看从前我念过的那本《马氏文通》，看到上边都写有眉批。那时我才26岁，也是在清华读研究生。我在某一点不同意书上的意见，有我自己的看法，就都写在上边。今天拿来看，拿五十年前批的来看，有些批的是对的，有些批错了，但没有关系，因为这经过了你自己的考虑。批人家，你自己就得用一番心思，这样，对那本书的印象就特别深。自己做眉批，可以帮你读书，帮你把书的内容吸收进去。也可用另外的办法，把记笔记和书评结合在一起，把书评写在笔记里边，这样很方便。笔记本一方面把重要的记下来，另一方面，某些地方我不同意书里的讲法，不管是《马氏文通》还是《说文段注》，我不同意他的，可表示我的意思，把笔记和眉批并为一个东西。

另外，要写读书报告。如果你做了笔记，又做了眉批以后，读书报告就很好写了。最近看了一篇文章，一篇很好的读书报告，就是赵振铎的《读〈广雅疏证〉》，可以向他学习。《广雅疏证》没有凡例，他给它定了凡例，《疏证》是怎么写的，有什么优点，他都讲到了。像这样写个读书报告就很好，好的读书报告简直就是一篇好的学术论文。

谈谈写信

最近两年来，我和祖国各地许多青年同志通信。我每天收到三五封信，多到八九封。他们差不多每人头一句话都说："您料想不到一个陌生人给您写信吧？"其实我早就料到了。这些青年同志，多数是写信向我买书。他们不知道，写书的人是没有书出卖的！还有许多同志寄来他们所写的诗（有些是诗集），请我给他们改。我说："诗要有诗味，你如果有了诗味，用不着改了；如果没有诗味，我没法子替你把诗味放进去。何况我自己就不是诗人，怎能替你改诗？"有的同志写长篇研究论文要我介绍出版，那我就办不到了。我们应该信任出版社的编辑部，如果他们认为你的论文有价值，自然会给你发表的。有的同志多次寄论文来，我就无力应付了。有的同志要求我指导他们怎样读书写文章，接受他们做函授生，那我就爱莫能助了。我今年八十岁了，学校里早已免除我的教学工作。

我怎能接受函授生呢?

由于和青年同志通信多了，我发现有些同志还不大会写信。《语文学习》编辑部约我写文章，我写不出，忽然想起"谈谈写信"这个题目来。不知道编辑部肯不肯给我发表这篇短文。

首先从信封上的收信人姓名和寄信人姓名谈起。多数人在信封上写"王力教授收"，或"王力先生收"，都不错。我个人不大喜欢人家称我教授，因为"文化大革命"以来，教授这个名称已经臭了。在学校里，大家都叫我王先生，我听了比较舒服。有的人叫我一声王力同志，我就心里乐滋滋的。因为我们这些老知识分子很多心，以为人家不肯叫我同志，是因为我是资产阶级知识分子！有的同志在信封上写"王力伯伯收"，那是不合适的。因为信封上的收信人姓名是写给邮递员或送信人看的，邮递员和送信人不叫我王伯伯。外国也没有这个规矩，将来咱们和外国人通信，切不可以在信封上写Smith伯伯收或Jones伯伯收！有的同志在信封上干脆写"王力收"，那更不好！我回信说："你在信内称我作尊敬的王力教授，太客气了；你在信封上写王力收，又太不客气了。"这是礼貌问题。那位青年同志复信感谢我的指教。其实我不怪他，因为不少人是这样写信封的，甚至机关、学校给我来信也有这样写信封的。还有一些同志在信封上写"王力（教授）收"，把"教授"二字放在括号内（或者把"教授"二字写得小些），我不懂这是什么意思。我认为也是没有礼貌的，似乎是说，你本来不配当教授，我不过注明一下，以便投递罢了。真令我啼笑皆非！我还听说许多青年人写信给父亲，在信封上写的是"父亲大人安启"，写信给姐姐，在信封上写的是"姐姐收"，那就更可笑了。

我认为中学语文课里应该教学生写信，首先教他们学会写信封。

有的同志给我写信用的是机关、学校的信封，有的是某某革命委员会，有的是某某大学，等等。这也是不合适的。最好不用机关、学校的信封；用了，也该加上自己的姓名（或单写一个姓亦可）。如果不加上自己的姓名，应该算是犯法的，因为你把私人的信当作公函发出了。前些日子我收到胡乔木同志一封信，他用的是中国社会科学院的信封，还加上"胡乔木"三个字。我们应该向胡乔木同志学习。

下面谈谈写信的内容。

写信总有一个目的。除了家信之外，一般总是对别人有所请求。你应该开门见山，把你的请求提出来，不必兜一个大圈子。我收到不少人的信，首先恭维我一番，然后用很长的篇幅叙述他怎样有志努力学习，要为四个现代化做出贡献，长达八九页信纸，最后才抱歉说："我说了一大堆话，打搅了你，浪费您很多时间，请您寄给我们一部《古代汉语》！"这样不好。你既然知道抱歉，为什么不少说一些废话呢？

写信没有什么秘诀，顺着自然就是了。写信就是谈话，由于对话人相隔太远，没法子面谈。如果我们写信仍照日常说话一样，不装模作样，不改变现代汉语的语法和词汇，就不会出毛病。有的青年人写信不是这样，而是改变现代汉语，因此就弄出毛病来。

近来某些人的来信中常常出现"您们"这个词，甚至在某会议给中央领导的致敬电中也用"您们"这个词。其实现代汉语里这个词并不存在。"您"字，北京话念nín，是"你"的尊称。这个"您"并没有复数，北京人从来不说"您们"（nín men）。因此，普通话也不应该有"您们"（可以说成"您两位、您三位"等）。最近某杂志刊登吕叔湘先生的一封信，编辑部把信中的"你们"擅改为"您们"。吕先生写信批评了编辑部。他说："我从来不说'您们'！"我们写信时，应该注意避免这一个语法错误。

有的青年人写信喜欢堆砌辞藻。那也不好。写信应该朴实无华。唯有家人父子的谈话最能感动人，堆砌辞藻反而显得不亲切，不诚恳。何况青年人往往语文素养不够，堆砌辞藻往往用词不当，弄巧成拙。我们应该引以为戒。

最不好的做法是写文言信，或者写半文不白的信。有一位青年同志和我通信讨论学术问题，我觉得他很有一些好见解。他忽然给我写来一封文言信，写了许多不通的句子，使我非常失望。另一位青年同志和我通信，想考我的研究生，也是忽然来了一封文言信，这封信的文言文写得很不错，但是我也不高兴。我复信说："如果你在试卷中写文言文，我就不录取你！"我们学习古代汉语是为了培养阅读古书的能力，不是为了学写文言文。我怀疑有的中学语文教师在教学生写文言文，那很不好。现代人应该说现代话，不应该说古代话。有一位青年人写了一封文理通顺的信给我，我正看得很高兴，忽然看到一句"吾误矣"，就给我一个坏印象。现代汉语明摆着一句"我错了"，为什么不用？偏要酸溜溜地说一句"吾误矣"！我恳切地希望中学语文教师注意纠正这种坏文风。

我在几年前听别人说过这么一个故事：一位青年干部写信给一位领导干部，最后一句是"敬祝首长千古"。我听了，笑弯了腰，我以为是人家编造出来的笑话。不料后来我自己也经历了一个类似的故事：一位青年同志在病床上给我写信，他在信中说："我在弥留时给你写这一封信。"我复信说：

"你在弥留，应该是快断气了，怎能写信呢？"

有时候，乱用文言词，会导致对方不高兴。有一次，我在某校做了一次演讲，事后收到那个学校的道谢信，信内说："承你来校做学术报告，颇为精彩，特函道谢。"又有一次，一位中年同志写信给我说："您来信给我批评，使我颇受教益。"这两位同志都用了文言词语"颇"字，他们不知道，在古代汉语里，"颇"字一般用作相当的意思（《广雅》："颇，少也。""少"就是"稍"的意思）。"颇好"是"相当好"或"比较好"，"颇大"是"相当大"或"比较大"。现代北方话虽然把"颇"字当作"很"字讲了，但南方还有许多地方不把"颇"字当作"很"字讲。那么"颇为精彩"只是"比较精彩"，"颇受教益"只是"稍受教益"，包含有不大满意的意思。为什么不说"很精彩、很满意"呢？又有一次，一位青年同志写信给我说："希望你一定答复我的信，切切！"他不知道，"切切"是从前做官的人命令老百姓的话。在旧社会里，县太爷出告示，最后一句是"切切此令！"你瞧！写半文不白的信有什么好处呢？

今年五月，我写了一篇《白话文运动的意义》在《中国语文》上发表。福建有一位工人同志写信批评我说："你为什么反对学文言文？难道我们工农大众就不要提高文化水平吗？"

这位同志是把文言文和文化混为一谈了。《毛泽东选集》五卷，除了一篇《向国民党的十点要求》外，都是白话文，而且是用浅显的语言阐述很高深的理论，我们学习毛主席的伟大著作，同时也要学习毛主席提倡白话文的精神。

最后，我还想谈谈写字。

我国有个优良传统：给别人写信，特别是给尊辈写信，必须每个字都写得端端正正，否则不够礼貌。有时候写得匆忙，字写得不够规矩，还要在最后来一句："草草不恭，敬希原宥。"现在有的青年人写信不是这样：他们笔走龙蛇，潦草得看不出是什么字来。说是草书吧？草书也是有章法的，或者是学的怀素，或者是学的米芾，或者是学的文徵明，都好认，唯有他们独创的草书不好认！这样，我们看信的人就苦了。如果是看信人看不下来，索性不看，吃亏的还是写信人！还有一种字并不是草书，而是横行导致的毛病。我们知道，汉字多数是形声字，分为两部分，或者是左形右声，或是右形左声，也有一些会意字是分成两部分的。现在有些青年人在横写的时候，贪图写得快，常常把前后两个字连起来写，以致前一个字的右边和后一个字的左边结合在一起，字与字之间界限不清楚。于是"林木"变了"木林"，"明月"变了"日朋"，等等，也就很难看懂。写信人省了一点时间，看信人要多花一点时间，岂不是得不偿失吗？

最后，署名是一个大问题。许多青年人喜欢用草书签名，而他的草书又是自创的，别人看不懂。问题就严重了，叫我怎么写回信呢？我只好在信封上照描，说声对不起，信寄得到寄不到我不负责任！外国人签名也很潦草，但是他们的信是用打字机打印的，他们在签名的后面还用打字机再打出他的名字，清清楚楚，就没有问题了。我们没有打字机，签名潦草，谁知道你的高姓大名呢？关于通信地址，也应该写得清晰些，以免误投或无法投递。

我重复说一句，希望中学在语文课中教学生写信。这是最实际的问题，需要解决。因为学生毕业后无论做什么工作，总是需要经常和别人通信的啊。

谈谈写文章

　　《新闻战线》的编辑同志要我写一篇文章，谈谈写文章。我自己的文章写不好，这个题目我怎能谈得好呢？我推辞了几次都不行，只好硬着头皮谈几句。

　　文章是写下来的语言。文章和语言都是用来表达思想的，我们不应该把文章和语言分割开来。现在许多写文章的人，从中学生到新闻记者、大学教授，拿起笔来写一篇文章的时候，心里想，我现在是写文章，跟说话不一样，要写得文一点，多加上一些辞藻，多加上一些政治名词，多绕一些弯子。这些人在小学高年级和初中的时候，文章本来是很通顺的，到了高中和大学，文章越来越不通了。毛病在于，他们错误地认为文章越文越好；他们不懂得，文章脱离了口语，脱离了人民大众的语言，绝不能成为准确、鲜明、生动的文章。

　　文章又是有组织的语言。在这一点上，也可以说文章和口语不一样。我们平常说话的时候，往往是不假思索，想到哪里就说到哪里，有时候语言不连贯，甚至前后矛盾，句子也不合逻辑，不合语法。有的同志在小组或大会上发言，头头是道，娓娓动听，但是人家把他的话记录下来，发表出去，读者却又发现他的话毛病百出，缺乏逻辑性和科学性。因此，我们在写文章的时候就要好好地构思，在文章的条理以及逻辑性和科学性方面多考虑。所以写文章要仔细推敲。我认为主要要在逻辑性和科学性方面仔细推敲。

毛主席教导我们，写文章要有三性：准确性、鲜明性、生动性。我觉得，现在我们的报纸上的文章，鲜明性方面做得较好，准确性方面做得较差。所以我这里主要谈谈准确性的问题。准确性有两个方面：一方面是内容的准确性，另一方面是表达形式的准确性。我这里主要是谈表达形式的准确性，也就是语言的逻辑性。

不但逻辑推理要有逻辑性，我们造一个句子也须要有逻辑性。凡是不合事理的句子，也就是不合逻辑的句子。平常我们所谓主谓搭配不当、动宾搭配不当、形容词和名词搭配不当等等，严格地说，都不是语法问题，而是逻辑问题。例如《新闻战线》1979年第二期梁枫同志批评的"最好水平"，是形容词和名词搭配不当，表面上是语法问题，实际上是逻辑问题。依汉语语法，形容词用作定语时，应该放在其所修饰的名词的前面，"最好水平"这个结构并未违反语法规则，因此也没有犯语法错误。但是，"最好水平"这个词组是违背事理的，"水平"的原义是水的平面，水的平面永远是平的，没有好坏之分，只有高低之分，因此说"最好水平"就是不合事理。这种例子真是举不胜举。有一天我听中央台的广播，讲到某人民公社所走的道路是"行之有效"的，我觉得很奇怪。我们平常只听说"有效方法、有效措施"，没有听说过"有效道路"。第二天看报纸，已经改为"走上了正确的道路"。改得好！这样一改，就没有毛病了。又有一次，我在报上看见某公社"闯出了一条正确的道路"。正确的道路是客观存在的，不是任何人闯出来的。我们平常只说"闯出一条新路"，不说"闯出一条正确的道路"。有时候，从标题起就出了语病，例如某日某报有一条新闻，标题是《舍身忘死救儿童》，讲的是一个中学生"舍身"救人的事迹。标题只七个字就有两个错误：第一，"舍身"通常指牺牲了性命；这个中学生救活了一个小女孩，他自己没有死，说他"舍身"是不合事实的。第二，"忘死"是什么意思呢？如果说的是那个中学生忘记自己的死，而他自己并没有死，谈不上忘记自己的死。即使他死了，也不能说他"忘死"，因为死人无知，没有忘不忘的问题。也许作者说，这里的"忘死"指的是"不考虑自己会死"。那也不好。应该是置生死于度外，明知冒生命的危险，也要救人。有时候，过分夸大的语句也会出毛病。最近我看了一篇文稿，其中有一句话："我们要为台湾归还祖国贡献一切力量。"我说："你把一切力量都用于争取台湾归还祖国了，还有什么力量再贡献给四个现代化呢？"把"一切"二字删去，就没有毛病了。有时候，不但是逻辑性问题，而且是科学性问题，例如冰心同志嘲笑的"月圆如镜，繁星满天"，比不上曹操的"月明星稀"更合乎事实。皓月当空，三、四等以下的星星都被月光遮掩住了，我们还能看见繁星满天吗？

由此看来，要学好写文章，首先要学好造句。古人的语文教育，要求人们写出通顺的文章。所谓通顺，指的是语言合乎语法，合乎逻辑，主要是用词造句的问题。而在造句的问题上，主要是用词不当的问题。什么叫作用词不当呢？就是把某一个词用在不合适的上下文里。为什么会用词不当呢？这是因为写文章的人不懂那个词的真正意义（如"水平"），或者是懂的（如"有效、闯出"），到下笔造句时却又忘了。韩愈说过：为文须略识字。拿今天的话来说，就是写文章要懂得语词的真正意义。韩愈是一代文豪，尚且说这样的话，可见识字的重要性。我老了，写文章还常常查字典、词典，生怕用词不当。识字是基本功，同志们不要轻视它。

为了写好文章，须要有好的语文修养。毛主席说："语言这东西，不是随便可以学好的，非下苦功不可。"毛主席要求我们：第一，要向人民群众学习语言；第二，要从外国语言中吸收我们所需要的成分；第三，我们还要学习古人语言中有生命的东西。这个道理很重要，我在这里谈谈我的体会：

第一，要向人民群众学习语言。这一点非常重要。人民群众的语言，最鲜明，最生动，值得我们学习。为什么报纸上多数文章总是那么干巴巴的？就是因为作者喜欢掉书袋，堆砌辞藻，半文半白，离开人民群众的语言很远，失掉宣传的效果。这是走错了路。希望这些同志回过头来，好好地学习人民群众的语言。

第二，要从外国语言中吸收我们所需要的成分。毛主席说："我们不是硬搬或滥用外国语言，是要吸收外国语言中的好东西，于我们适用的东西。因为中国原有语汇不够用，现在我们的语汇中就有很多是从外国吸收来的。……我们还要多多吸收外国的新鲜东西，不但要吸收他们的进步道理，而且要吸收他们的新鲜用语。"我们吸收外国的语汇，要提到社会主义现代化的高度来认识。今天，现代汉语的语汇中从外国吸收来的词语，比"五四"时代以前高出数十倍，如果我们要学得像，不走样，最好是学好外语。例如"水平"一词来自外语①，我们看见英语level只有高低之分，没有好坏之分，就不会再写出"最好水平"这样的话了。又如"词汇"一词来自英语的vocabulary（毛主席说的"语汇"），指的是一种语言里的全部的词（斯大林叫作"词的总和"）②。现在有人说："某词典共收了两万个词汇。"那就错了。一部词典只有一个词汇，不能有几千或几万个词汇。我们只能说这部词典共收了两万个词或两万个单词。我们应该把吸收外语而走了样的情况改变过来。

第三，我们还要学习古人语言中有生命的东西。这主要是指成语来说的。学习成语，可以丰富我们的词汇。许多成语都能起言简意赅的作用。这也和吸收外语一样，要学得像，不走样。有一次，我看见一张电影说明书上把"突如其来"写成了"突入其来"，这显然是因为作者不懂"突如"是什么意思。"突如"就是"突然"③。作者不懂，所以写错了。我的意见是：最好少用自己不懂的成语；如果要用的话，请先

---

① 水平，中国古代叫作"准"，只用于具体意义（水的平面），不用于抽象意义。
② "词汇"（语汇）这个名词译得很好。中国古代有所谓"字汇"，就是字典。
③ 《周易·离卦》："突如其来如。"

查一查词典。

关于写文章，还有一个篇章结构的问题。这主要是逻辑推理的问题。要学习一些典范文，学会逻辑推理的本领。我的意见是：可以熟读马、恩、列、斯、毛的文章，注意篇章结构是如何严密。我们不但要学习马、恩、列、斯、毛的革命理论，同时也要学习他们的文章的逻辑推理。我建议大家读毛主席的《实践论》和马克思的《工资、价格和利润》。这两篇文章是逻辑推理的典范。当然还有其他的文章，这里不一一介绍了。

谈谈小品文

一

　　小品文是散文之一种。简单地说，小品文是篇幅短小、形式活泼、内容多样化的一种杂文。"小品"这个名词，晋代就有了的，但当时所谓小品，指的是佛经的简本；直到晚明时代，才有所谓小品文。现代小品文又和晚明小品文不同。现代小品文受西洋essay（随笔）的影响很深，往往令人有幽默感。一方面强调要写出作者的个性，另一方面又强调要描写社会生活的各个方面。宇宙之大，苍蝇之微，无一不可以写。要用平易的语言讲出高深的哲理。这就和晚明公安、竟陵的小品太不相同了。

　　关于小品文，鲁迅有很好的评论。他在《小品文的危机》一文中，把古代的小品文比作士大夫家里的小摆设，把现代的小品文比作匕首和投枪。这样，他就把小品文提高到革命文学的地位。鲁迅的杂文，有许多篇可以认为是革命的小品文，他凭着这匕首和投枪，和社会恶势力进行殊死的搏斗。我们学习小品文，就是要向鲁迅先生学习。

二

小品文大约要有下列一些特点：

第一，好的小品文常常是幽默的。幽默并不就是滑稽。滑稽只是逗笑，而幽默则是让你笑了以后想出许多道理来。"幽默"的正确含义是用严肃的态度来逗笑，好的小品文要做到你笑我不笑。英国幽默大师斯威夫特（Swift，1667—1745）的《格列佛旅游记》，林纾译名为《海外轩渠录》，"轩渠"是笑的意思，表面看起来是一大堆笑料，实际上是对英国社会入木三分的辛辣讽刺。我在我的《龙虫并雕斋琐语》的代序上说："世间尽有描红式的标语和双簧式的口号，也尽有血泪写成的软性文章。潇湘馆的鹦鹉虽会唱两句葬花诗，毕竟它的伤心是假的；反倒是'满纸荒唐言'的文章，如果遇着了明眼人，还可以看出'一把辛酸泪'来！"其实，中国古代所谓滑稽，也是幽默的意思。司马迁在《史

302

记·滑稽列传》序上说："谈言微中，亦可以解纷。"我希望在社会主义社会中，多生几个当代东方朔。

第二，好的小品文要做到言浅意深，言近旨远。言浅，因为讲的往往是日常生活琐事，人人看得懂；意深，因为其中包含着哲理，只有聪明人看了才发出会心的微笑。言近，因为讲的往往是眼前的事物；旨远，因为从这一件小事可以类推引申出许多大道理来。徐文长说："云隐蛟龙，得其一鳞一甲，正是可思，不必现其全身。"这是小品文的秘诀。小品文的作者，要用画家尺幅千里、意到笔不到的手法去描写社会生活。我们主张含蓄，并不是说文章短了就好；如果言浅而意不深，言近而旨不远，也就味同嚼蜡。我们要让读者如嚼橄榄，嚼过后还有一种甜滋滋的回味，这才是小品文的上乘。

第三，辱骂和恐吓绝不是战斗。即使是对敌人，小品文也只能是冷嘲热讽，而不是肆意谩骂。鲁迅说得好：必须止于嘲笑，止于热骂，而且要嬉笑怒骂皆成文章，使敌人因此受了伤或致死，而自己并无卑劣的行为，观者也不以为污秽，这才是战斗的作者的本领。

三

古今小品文都讲究情趣，没有情趣不能成为好的小品文。但是情趣不等于低级趣味。相声艺术在某种程度上近似小品文，好的相声演员就是当代的优孟，他们演出的相声可以移风易俗，有助于精神文明的宣传。近来低级趣味渐渐侵入相声，有些相声只有言浅，没有意深；只有滑稽，没有幽默，全是低级趣味。低级趣味的作品只能逗笑，不能耐人寻味。某些作品的趣味低级到那种程度，甚至不能逗笑，听众昏昏欲睡。这种情况在现代小品文中也是有的。我自己写的小品文，有时也不免陷于低级趣味。

要医治低级趣味，必须提高自己的文学修养。谁也不愿意写出低级趣味的文章，问题在于不知道什么是低级，什么是庸俗。我们不但要研究中国文学，而且要研究外国文学。上面说过，现代小品文受西洋essay（随笔）的影响很深。不研究西洋文学，不容易把小品文写好。在小品文中，辞藻的运用也是重要的。要学习古人的辞藻，也要学习外国的辞藻。当然我不是提倡堆砌辞藻。明白如话是主要的，适当地运用辞藻是次要的。小品文要有书卷气，要使读者感觉到你是博览群书的人。书卷气是医治低级趣味的良方。诗讲究意境，小品文也讲究意境，要把小品文写成一首意境高超的散文诗。

写小品文要有丰富的生活和敏锐的观察，既然小品文是从各个方面描写社会生活的，小品文的作者要有丰富的生活，这是不言而喻的。但是，更重要的是作者要有敏锐的观察力，否则不能发现社会生活的隐秘，把它揭露出来。要做到"人人心中所有，人人笔下所无"。人家看了你的文章都说："这种生活经历我也有，但是我写不出。看了你的文章以后，你的话在我的心中起了共鸣，你是先得我心，是说到我的心坎上去了！"这样，你的小品文才取得积极的效果。

小品文要有个性，个性表现出来就是你的文章风格。在表现风格的同时，常常流露出你的人生观。这些地方最能显出你的文章的感染力。感染力的好坏，决定了你的作品的社会效果。因此，小品文的最高要求，是作者高尚人生观的树立。

谈谈学习古代汉语

一、什么是古代汉语

什么是古代汉语呢？就是古代的汉语。中国古代的语言，是一个比较广泛的概念。古代语言应该是分时代的。因为从两千多年前到现在，经过一个一个时期的发展，有时代性，从《尚书》《诗经》到《水浒》《红楼梦》，都是古代汉语。这么看，范围就很大了。我们高等学校开的古代汉语课，要照顾那么大的面，就不好教了。所以，我们教的古代汉语没有那么大的范围，只是教的所谓"文言文"，又叫作"古文"，当然也有些古诗。为什么要这样呢？这有一个道理。因为，尽管口语在历史上有很大发展，可是人们写下的的文章还是仿古的文章。由于古时候知识分子写文章需要模仿古文，所以即使在唐宋以后，还是模仿先秦两汉的文章。从这个角度看，我们讲的古代汉语范围就窄得多了。古代汉语课学习和研究的对象是一个以先秦口语为基础而形成的上古汉语书面语言，以及后代作家仿古的作品中的语言。这就是我们讲的古代汉语。

二、学习古代汉语的必要性

我们要继承丰富的文化遗产，就要读古书；念古书就要具有阅读古书的能力，所以我们必须学习古代汉语。比如研究古代文学，当然要学习古代汉语。比方我们要研究文学史，有古代的诗歌、古代的散文……没有阅读古书的能力，我们便无从研究。这是很容易懂的道理。我们研究自然科学，要不要懂古代汉语呢？也要。我们不能忘记我们的祖先在这方面是有很大的成就的。比方说天文学、数学这些学科，我们的祖先很早就取得过在世界上领先的地位，可以说在两千多年前就有很大的成就。就天文学说，从东汉的张衡起，一直到南北朝的祖冲之、唐朝的僧一行、元朝的郭守敬，他们在天文学上的成就，比起西方来，要早得多，成就辉煌得多。这些我们应当知道，我们的天文学不是外来的。又比方说我们要研究医学，中国古代的医书，当然是用古代汉语写的了，我们不懂古代汉语，就看不懂。举个简单的例子，中医的把脉，有四大类，有浮、沉、迟、数。"浮""沉"好懂，"数"（shuò）不好懂。这里"迟"是"慢"的意思。我们如果懂得古代汉语，知道"数"在这里是"快"的意思，就很好懂了。我们如果搞研究，不管文科、理科，要深入研究，就要读古书，就非懂古代汉语不可。从前我听说有个中学语文教师教杜甫的《春望》诗："烽火连三月，家书抵万金。"这个老师怎么解释呢？他说："打仗打了三个月了，杜甫家里很穷了，没有办法，把家里的书卖掉了，家里的书抵得一万块钱。"你看这个中学教师讲的可笑不可笑？不要笑中学老师，大学教授也有闹笑话的。一位教授引《韩非子 显学》："故明据先王，必定尧舜者，非愚则诬也。"大意是说，尧舜之道是没有的事情；儒家一定要说有，就"非愚则诬"——不是愚昧无知，就是说谎话骗人。"愚"是愚蠢；"诬"是说谎。你如果不知道尧舜之道是没有的事，那你就是愚蠢，你如果知道尧舜之道是没有的事，还硬说有，就是说谎，骗人。这个教授怎么解释呢？他说"非愚则诬"就是"不是愚蠢就是诬蔑"。他不懂得先秦时代的"诬"没有"诬蔑"的意思，只当"说谎"讲，所以这一个大教授出了大笑话。后来他看到人家引文讲是"说谎"，他也就不再讲"诬蔑"了。

有些地方，看起来容易，往往也会弄错。例如曹操《龟虽寿》："老骥伏枥，志在千里；烈士暮年，壮心不已。"看起来很好懂，很多人引用，其实不太好懂。"烈士"不是今天讲的"烈士"——为革命事业而牺牲的人。"烈士"在古时有两种意义：一个是"重义轻生的人"，合乎正义的事就做，生命在所不顾；另一个意义是有志要做一番大事业的人，曹操这首诗的"烈士"就是这后一种意思。"壮心"似乎好懂：雄壮的心嘛！但是我们知道，先秦两汉的"壮"，只是壮年的意思，跟年龄有关，"三十曰壮"，三十岁叫作壮，壮年是最能做大事的时候。曹操的意思是：我是胸怀大志的人，虽然老了，到了晚年，我壮年的心还在，我是人老心不老啊！我还要做一番大事业呢！很多人就不懂这个意思。又，"枥"字很深，现代很少用。查《辞源》《辞海》都说是："养马之所。"新《辞海》解作"马厩"。《辞源》修订稿"伏枥"："马被关闭在马房里头。"又查《新华字典》，说"枥"是"马槽"。一说是"马厩"，一说是"马槽"，到底哪个对呢？不能两个都对。我们想想，"伏"当是靠、趴的意思，是"埋头伏案"的"伏"。"伏枥"，伏在马槽上吃草，还一面想到跑路，想到当千里马，比喻想做一番大事业。"枥"解释为"马槽"，是很顺畅的。"枥"若解作"马房"（马厩），马怎么伏在房子上呢？不好解了。韩愈有一篇文章（《杂说四》），正是讲的千里马，他说："世有伯乐，然后有千里马。千里马常有，而伯乐不常有。故虽有名马，祇辱于奴隶人之手，骈死于槽枥之间，不以千里称也。"这里讲得很明显，"槽、枥"是同义词连用。《说文解字》说："槽：畜兽之食器。"段玉裁注："马枥曰槽。《方言》：'枥：梁、宋、齐、楚、北燕之间谓之楯（suō，《玉篇》：养马器），皂'。皂与槽音义同也。"这就铁证如山了，槽就是枥，枥就是槽。因此，《新华字典》解释是对的，而《辞源》《辞海》是错的。所以，字典、词典讲的也不一定都是对的。前些时候，有一些老科学家想为四个现代化做一些贡献，有人说：我们今天不是"伏枥"了，要"出枥"了。这个雄心壮志很好。但是按古代汉语讲，这话就不通了：怎么"出枥"呢？从马槽怎么出来呢？所以我们说，研究古代汉语是很必要的。毛主席指示我们说："语言这东西，不是随便可以学好的，非下苦功不可。"希望大家好好下点功夫，把古代汉语学好。

三、从三方面学习，以词汇为主

语言有三个要素：语音、语法、词汇。古代的语音、语法、词汇，三方面都要学。

语音方面。我们知道古音与今天不一样，如不研究古音，许多古诗就会感觉不押韵。比如《诗经》，以今天语音看，很多地方不押韵；按古音来念，就押韵了。再说唐宋的诗词，它也是用古音写的，所以有些地方我们念起来好像不押韵；本来是押韵的，变到后代就不押韵了。还有，诗词讲究平仄。毛主席说，不讲平仄，就不是律诗了。我们如不讲究古音，就很不容易欣赏古代诗词，有时还会弄错。最近有个朋友写一部《李商隐诗选注》，把原诗都抄错了。为什么抄错了呢？因为他不懂得平仄。李商隐《无题》诗中有两句："蓬莱此去无多路，青鸟殷勤为探看。"他抄成了"此去蓬莱无多路"。为什么抄错呢？因为不懂得格律要求，这一句应是"平平仄仄平平仄"。按照他抄的，就不合平仄了。而李商隐写律诗，是不会不合平仄的。

还有语法要学。古代汉语的语法，与今天大同小异，很多相同，也有不同的地方。如李商隐《韩碑》："碑高三丈字如斗，负以灵鳌蟠以螭。"头一句好懂，碑高字大嘛。下一句，"负以灵鳌"，也好懂，海中大龟叫鳌，就是说乌龟背着石碑。"蟠以螭"，有个同志解释错了，他说"蟠"是蟠龙，"螭"也是龙。这就讲错了。为什么错了呢？从语法讲，"负

311

以灵鳌"就是"以灵鳌负之";那么"蟠以螭"应是"以螭蟠之"才对。"螭"是龙,"蟠"是盘绕的意思,指以龙盘绕石碑,这才对。所以,从这个例子看,我们要懂古代语法。

再就是词汇了。一个字,一个词是什么意思,我们要懂。有一种情况要提醒大家:大家以为难懂的是那些难字、那些不认识的字。我说不对。那些字,一查字典、词典,就懂了,一点不困难。我举个例子,有个"靝"字,一般人不认识,查一般字典也没有。但是从《康熙字典》"备考"中查出,"靝"就是"天"字,青气为天嘛("炁"就是气,亦写作"惢")。一查出来,一点也不困难了。常常使我们上当的是有些常见的字,把它解释错了。前两年北大中文系编字典,很多错误都出在常用字上。常用的字容易出错,那是因为错了还不知道。这一点要谨慎呢!举个例子,有个"羹"字,我们编字典时就误解为"汤"。羹不是汤,直到今天北方称羹、汤还是不一样的。《红楼梦》中的"莲子羹",那里面是有莲子的,不单是汤。说到先秦两汉,"羹"更不是汤了。"羹"是带汁的肉,其实就是一种红烧肉。古人做红烧肉要配很多作料,可以说是"五味羹",酸甜苦辣咸都有。《尚书·说命》:"若作和羹、尔惟盐梅。"作羹要用梅,梅子味酸,盐有咸味。"羹"是上古时代常吃的一种红烧肉。《孟子》说的

312

"一箪食，一豆羹"，"食"是饭；"箪"是筐，盛饭的；"豆"是盛菜的，主要是盛肉菜，今天在博物馆里可以看到这种器皿。很明显，"羹"，是红烧肉。在楚汉之争时，楚霸王项羽与汉高祖刘邦打仗，他抓到了刘太公（汉高祖父亲），架好了大火锅，给刘邦看，威胁刘邦，要刘邦投降，若不投降，就烹了刘太公。刘邦回答说：没关系，我的爸爸就是你爸爸，你一定要烹你爸爸，如煮熟了，请分给我一杯羹吧。（《史记·项羽本纪》："吾翁即若翁，必欲烹而翁，则幸分我一杯羹。"）从前我还以为是分一杯汤呢？汉高祖这么客气呵？没有这么客气，是说煮熟了，分我一碗肉，不是汤。穷人的羹，叫作"菜羹"，也不是汤，是煮熟了的青菜。这种字，看看好像认识，其实不认识。又比方说，"再"字，好像很浅，可是古代的"再"不像现代，是"两次"的意思；三次以上就不能叫"再"了，它表示一个数量，就是"两次"。《左传·曹刿论战》中的"一鼓作气，再而衰，三而竭"，"一"是一次，"再"是两次，"三"是三次。《周易·系辞》"五年再闰"，讲的是历法，五年闰两次。《史记·孙子吴起列传》说齐将田忌与诸公子赛马，孙膑给他出了个主意：用你的下等马对他的上等马，用上等马对中等马，用中等马对下等马。结果赢了，得了王的"千金"重赏。所以叫作

"一不胜而再胜"，输了一次，赢了两次。如果解释为今天的意思就不对了。所以，看起来很普通的字，今天也要研究。

从三方面学习，为什么要以词汇为主呢？语音不是太重要的，因为除诗词歌赋外，古书上并没有语音问题。至于语法，刚才讲了，古今相差不大，容易解决。问题在词汇，这必须花很大的力气。我们编《古代汉语》时，有一位同志讲得好：古代汉语的问题，主要是词汇的问题。所以，我们学习和研究的重点要放在词汇上。

四、建立历史观点

今天重点讲这个问题。因为我们许多人研究古代汉语时，很不注意这一点。语言是发展的，每个时代都有发展，现代汉语是从古代发展起来的，所以现代汉语和古代汉语有共同点。但是语言是发展的，所以现代与古代比较，也有不同。一个字，后代是这个意思，古代可能不是这个意思。当然，古今字义有关系，相近，有联系，但不相同；相近也有小变化，而这小变化比大变化更容易被人忽略。研究古代汉语，大变化要研究，但重点不在于研究大的变化，而在于小的变化。因此，历史观点很重要。什么时代说什么话。时代不同，说话就不同了。《三国演义》中有些例子就很典型。刘备"三顾茅庐"，两次未见到诸葛亮，刘备留下了一封信，写得很客气。研究古代汉语就知道，那封信是后人假造的，汉朝人不会那么写，刘备是不会那样写信的，只有到了明朝，人们才那么写。《三国演义》的造假是可以看得出来的。后来刘备第三次去时，孔明睡觉未醒。醒来时，口吟一首五绝："大梦谁先觉？平生我自知。草堂春睡足，窗外日迟迟。"我说这首诗更容易看出来是假的。诸葛亮时代不会写这种五绝。从语音上讲，"知""迟"汉代不可能同韵，不押韵；大约唐以后，"知""迟"才会押韵。再从语法方面看，律诗绝句，讲究平仄的诗，唐以后才有。诸葛亮是东汉时人，他怎么会写这种诗呢？从词汇上看，"睡"字，先秦两汉时不是睡觉的意思，是打瞌睡，打盹的意思；在床上睡觉，那时叫"寝"。因此，从"春睡足"三字就可知这首诗是假的。《史记》中商鞅见秦孝公，讲王道，孝公不爱听，书上说："时时睡，弗听。""睡"就是打瞌睡。因为，商鞅是新来的外宾，对外宾，孝公不可能那么没有礼貌，躺在床上睡了。所以，"睡"不是睡觉，是打盹。由此可见，古今不同，语言不同，明朝人伪造汉代的诗，露出了马脚，我们可以看得出来。

下面举出一些有关身体的例子来说明语言是发展的。

身。古代有三种意思：①身体。②除了头的其他部分。如《楚辞·九歌·国殇》："首身离兮心不惩。""惩"是"后悔"。这句说，战士们头和身体分离了，但为国牺牲并不后悔。这个"身"就是除了头的其余部分。③除了头和四肢，即指躯干部分。第三种意义是身子的原始意义，最初的意义。《说文解字》身字作："𦣝：躬也，象人之身。"实际上画的一个大肚子，指的是躯干。《论语·乡党》："必有寝衣，长一身有半。"以前很多人看不懂，以为孔丘的寝衣有一个人的身长，再加半个身长，清朝王念孙考证出来了，身是躯干的意思。那么，孔夫子睡觉，寝衣不盖头和腿脚，只盖到膝上，那就正好是长"一身有半"了。

体。和身不是一回事。体原义是身体的各个部分。《说文》："体，总十二属之名也。"十二属指的是顶、面、颐；肩、脊、臀；肱、臂、手；股、胫、足。但主要是四个体：两只手、两只脚，即四肢。《论语·微子》："丈人曰：'四体不勤，五谷不分，孰为夫子？'""勤"是"劳苦"的意思（不是"勤快"）。这个老头说，四肢不劳动，五谷不能分辨，谁晓得你的老师是谁？又如楚霸王别姬，在乌江自杀，汉高祖以千金、万户侯悬赏，当时汉将五个人争功，王翳取得头；其余将领争夺，后来四个将领"各得其一体"。这个

"体"也是指四肢。

颜色。古代颜指额，色指脸孔。连起来，颜色是面孔、脸色。不是今天讲的颜料的颜色。《史记》说刘邦"龙颜"，是说他额角像龙一样（见《高祖本纪》）。《楚辞·渔父》："屈原既放，游于江潭，行吟泽畔，颜色憔悴，形容枯槁。""颜色憔悴"也是讲面孔，脸色憔悴。凡是古书上讲的颜色都不是今天的颜料的颜色。一直到文天祥《正气歌》："风檐展书读，古道照颜色。"是说他虽坐在监牢中，宁死不降，在风檐下展开古书来读，古道教给他"正气"，在他面孔上表现出了不可屈辱的"正气"。

眼。今天的眼，古人叫"目"。古时目、眼是不一样的。古时讲的"眼"，比"目"的范围小，"眼"是指的眼珠子。《史记·刺客列传》讲韩国刺客聂政刺杀韩国宰相侠累后，怕人认出自己，被迫自杀时，"自皮面，决眼"，用刀划破脸，挖出眼珠子。这个"眼"就是眼珠子，眼眶不包括在内。又《史记·伍子胥传》说，伍子胥是吴国宰相，越王勾践投降吴，吴王放了他。勾践返越，卧薪尝胆，图谋报仇。伍子胥屡次劝谏吴王，讲了很多话，吴王非但不听，还赐剑让他自杀。伍子胥说，我死可以，吴国眼看要被越国灭亡了。临死时告诉他的舍人："抉吾眼县（同"悬"）吴东门之上，以观越寇之入灭吴也。"这里的"眼"也是眼珠子，不是"目"。

脸。和"面"不同。现代所谓"脸"，古人只叫"面"。而古人所谓脸（jiǎn），指"目下颊上"（《辞源》），这比较对。但如仔细研究，又不完全对。南北朝以后才见这个字，是指妇女擦胭脂的地方。古代诗歌的"红脸"，是脸被胭脂擦红了，不是关公的"红脸"。白居易有一首诗咏王昭君，头两句说："满面胡沙满鬓风，眉销残黛脸销红。"前面讲"面"，后面讲"脸"，可见脸、面不是一回事。北方风沙大，出塞后满面的沙、满鬓是风，她忧愁不高兴，很悲哀，不画眉，也不打扮、不擦胭脂，红也没有了。所以说脸是妇女擦胭脂的地方。最近我看了一本注释《红楼梦》的书稿，注得很好。但是里边有个地方注错了。《红楼梦》五十回李纹写的《赋得红梅花》："冻脸有痕皆是血，酸心无恨亦成灰。"那注解说："梅花冬天开花，所以脸上冻得有了痕迹。"这就不对了。"痕"，应当是"脸"上擦的胭脂的"痕"，所以说"有痕皆是血"。

脚。古代的"脚"字，原义不是今天的脚，今天的脚，古时叫"足"。古人说"脚"是指小腿。《说文》："脚"胫也。"孙子膑脚，《兵法》修列。"（司马迁《报任安书》）古代刑罚，去掉膝盖骨，使小腿不起作用，叫膑脚。与刖刑不

318

同，刖是把脚丫子砍掉，被刑的人，勉强还可以走路，而膑刑后就不能走路，刑更重些。

趾。今天指脚指头，但古书上不是这样。古书上的趾，就是"足"，即是脚。《诗经·豳风·七月》："四之日举趾。"举趾，是把脚举起来，表示动身下地，开始耕种了。脚指头，古人写同手指头的"指"，汉高祖打仗时，被敌人射中，"汉王伤胸，乃扪足曰：'虏中吾指！'"（《史记·高祖本纪》）他怕损伤士气，不说射伤胸部，反而用手摸脚，说敌人射中他脚指头。古书上所有的趾都是脚，不是脚趾。《辞源》："趾，足指曰趾"，举《诗经·豳风·七月》为例，那是错误的。《辞海》也讲错了，说是"足指"，举例为"足趾遍天下"，这是错误的。在"足趾遍天下"一语中，"足、趾"是同义词，足是趾，趾也是足。只有这样解释才讲得通。

词义发展有三个类型，可以讲是三个方向：一是扩大，一是缩小，一是转移。扩大，就是把意义范围扩大了，例如以上讲的"身""眼""脸"，就是词义发展而扩大了。缩小的，举个例子，念《诗经·小雅·斯干》："乃生女子，载弄之瓦。"旧注："瓦，纺砖也。"纺砖也叫瓦。古代瓦是土器已烧之总名（见《说文》），范围很大。今天缩小到只有盖屋顶那个叫"瓦"了。词义发展中，缩小的情况较少。转移，就是词义搬了家了，搬到附近的地方去了。比如"脚"，就是转移，从小腿转到"足"那里去了。

词义有发展变化，我们就要注意了，不同的时代，有不同的意义。如"眼"字，它的意义就要看时代，才能断定它是眼珠子或是眼睛。唐元稹《遣悲怀》诗中有两句说："唯将终夜常开眼，报答平生未展眉。""终夜"是通宵。"眼"是眼睛，不是先秦的眼珠子的意义了。"常开眼"是说晚上睡不着，常常睁开眼睛。眼珠是不能开的，如果在这里解释为眼珠，那就错了。所以说，要有历史观点。又如"睡"字，本义是打瞌睡，但到唐以后，就变为睡觉的意思了。比如杜甫诗中的"众雏烂漫睡"，"雏"喻指小孩子。这句是说，小孩子们一天到晚走累了，睡得很香甜。如果再把"睡"解释为打瞌睡，那又错了。什么时代有什么语言，语言是发展的。所以要注意时代性。今天我着重讲这个，因为过去人们常常忽略这一点。

五、要反对望文生义

望文生义是什么意思呢？就是一句话，这么解释了，讲通了，好像这个字有这个意思，但实际上这个字并没有这个意思。因为字典中没有这个意思，而且在别的地方、别的古书中也没有这个意思。独独这个地方似乎可以这样解释，就认为这个字有这个意义。这叫望文生义，就是胡猜。古时有人也犯这个毛病，但不严重。最近各个地方编字典、词典，他们尊重我，把稿子送给我看。我看了一些，发现编字典、词典的人有一个通病，就是望文生义。差不多我看过的每一部字典、词典都有这个毛病。例如某个省有些中学语文教师解释毛主席《念奴娇·鸟儿问答》中"背负青天朝下看，都是人间城郭。"这本来很好懂，是说鲲鹏飞到九万里的高空，在蓝天下飞翔，从上看下面，尽是人间的城墙。城指内城的墙，郭指外城的墙。那些中学教师都把"城郭"解释为"战争"，甚至有人说是"人民革命和民族解放战争此起彼伏，连绵不绝，互相呼应"。大概因为下文有"炮火连天，弹痕遍地"，所以误以为"城郭"是指"战争"了。这种情况叫作望文生义。为什么呢？因为别的书、别的文章都没有把"城郭"解释为"战争"的。

望文生义，是忽略了语言的社会性。语言有社会性，是社会的产物；只有全社会的人都懂得的言语，才是语言。如果只有那么一个作家，一个人用了这个字有这个意思，别人怎么懂？因为社会上都不那么用，唯独他一个人这么用了。这就是没注意语言的社会性，就是说你独自去"创造"语言了。语言是社会创造的，不是哪一个人创造的。现在有的人往往去"创造"一个意义，那不是创造语言，那叫望文生义。我们知道，语言是很早的时候创造的，又经过了很长时间的发展，现在已经不是个人"创造语言"的时候了，不能望文生义。而有人往往望文生义，总觉得这样讲才通，就是原来没有这个意义，他也硬添上一个意义。那么，从前的字典、词典中没有的义项能不能添呢？这就要看情况了。从前有些遗漏的，有些注意古代、没有注意近代的，像这些，可以补。例如"穿衣"的"穿"，过去就没有"穿衣"的义项，就应当补上（例如《辞源》《辞海》中的"穿"就没有"穿衣"这个义项）。但是不能轻易地给它添一个意义，要谨慎。举一个例子，有本词典，注解"信"字，有个义项，注为"旧社会的媒人"，所举的例子是《孔雀东南飞》："自可断来信，徐徐更谓之。"这里的"信"是可以解释为媒人的。但仅凭这一处立为一个义项，我认为是不可以这样的。因为，在这儿可以这么讲，在别的地方、别的书中没有这么解释的，可见是望文生义了。"信"可解作媒人，为什么别的书都不这么用，唯独《孔雀东南飞》中这么用呢？闻一多先生解释说：断：绝；信：作"使"解，"来信"指县令派来做媒的使者。余冠英先生《汉魏六朝诗选》注："信：使者，这里指媒人。"这样注解就很好了。

"信"是"使者"，是县官派来的，实际上是媒人。这样解释就很好了。我们编《古代汉语》时就常常采用这个办法：先讲本来的意义是什么，再讲这儿指什么，这就没有毛病了。现在有这么一种望文生义的情况，要提醒大家注意；尤其是从事这方面工作的同志更应该注意。

六、学习古代汉语的方法

从前古代汉语教学有两个偏向，都是不妥当的。头一个就是教同学们专念一些古文，解释一遍，叫大家熟读了，就行了。这是一个老框框，大概我们几千年来都是这么一个老框框。那样做，也行，但是效果比较慢。另一个偏向是只教古代汉语语法。其实，古代汉语学习内容有语音、语法、词汇，其中重点是词汇。你只给他讲语法，那怎么行？所以这个方法更不好。

我们提倡的方法是感性认识与理性认识相结合的方法。感性认识是多念古文，越多越好，逐渐逐渐地提高到理性上去理解。这样，文选、词汇、语法都讲，效果快一些。学古代汉语，记一些常用词是必要的，学外语都要记一些常用词嘛！如刚才举例讲的那些词，一个一个字地记住，好像是麻烦，但还是要记，这样可以学习快些，学得好一些。

感性和理性都要，但主要还是感性认识。从前古人念了很多古文，便逐渐理解掌握了。这个方法还是好的。因为只有具有了很多感性认识，才能提到理论认识的高度。古人讲："熟读唐诗三百首，不会吟诗也会吟。"就是说，多学就会。这个道理是对的。学习古代汉语，有什么"秘诀"没有？常常有人要求我们给一把"钥匙"。规律是有的，上面所讲的历史观点就是规律。但规律是很复杂的，没有一把"钥匙"那么简单。就是要下苦功，多读，多记，坚持感性和理性结合，这样才能解决问题。至于读什么，今天不讲了。

最后讲一点，我们教大家学古代汉语，并不是主张你们写文言文。"五四运动"有一个很重要的内容就是"白话文运动"，反对写文言文。这一条我认为应该坚持下去，我们学古文，学古代汉语，是为了读懂古书，为了提高阅读古书的能力，并不是为了学写古文。现在不知为什么有那么一个风气——写文言文，这很不好。有些读者给我写信，认为我是主编《古代汉语》的，写文言信给我，我很不高兴。有个考研究生的学生给我写了一封文言的信，文言写得还不错，但是我回他的信说，我反对你写文言文，如果你考卷中出现了文言文，我就不取你，学古文和写文言文，这是两回事，不可混为一谈。

为什么学习古代汉语要学点天文学

我们学习古代汉语，是为了培养阅读古书的能力。而我们的古书中，有不少地方讲到天文，所以我们要学点天文学。又有一些地方讲到历法，所以我们要有历法的知识。而历法是和天文密切相关的，要学历法，必须先学天文。

明代大学者顾炎武说："三代以上，人人皆知天文。'七月流火'，农夫之辞也；'三星在天'，妇人之语也；'月离于毕'，戍卒之作也；'龙尾伏辰'，儿童之谣也。后世文人学士，有问之而茫然不知者矣。"（顾炎武《日知录》卷三十。）

"七月流火"，出于《诗经·豳风·七月》，这是大家熟悉的诗句。但是这句话一向得不到正确的解释。直到戴震才讲清楚了。余冠英先生在《诗经选》注云："火，或称大火，星名，即心宿。每年夏历五月，黄昏时候，这星当正南方，也就是正中和最高的位置。过了六月就偏西向下了，这就叫作流。"这是传统的解释，但这是不妥当的。戴震依照岁差来解释，周时六月心宿才中天，到七月才西向流。

"三星在天"，出于《诗经·唐风·绸缪》。三星，指心宿。第二章"三星在隅"、第三章"三星在户"，也是指心宿。有人说，第一章指参宿三星，第二章指心宿三星，第三章指河鼓三星，不可信。毛传以三星为参宿三星，亦通。那要看诗人作诗的时令了。

"月离于毕"，出于《诗经·小雅·渐渐之石》。"毕"，指毕宿。"月离于毕"，是月亮走到毕宿的意思。据说月离于毕将有大雨。

"龙尾伏辰"，出于《左传》僖公五年。原文是：

> 童谣云："丙之晨，龙尾伏辰，均服振振，取虢之旂。鹑之贲贲，天策焞焞，火中成军，虢公其奔！"其九月、十月之交乎。丙子旦，日在尾，月在策，鹑火中，必是时也。

这短短的一段话，有天文，有历法。（这一段话在《古文观止》和我主编的《古代汉语》的《宫之奇谏假道》里被删

326

去了，因为难懂。）童谣的大意说，十月初一清晨，晋国将进攻虢国，虢公将出奔。丙，这里指丙子日。古人以干支纪日。龙尾，即尾宿。尾宿是东方青龙七宿的第六宿，所以叫龙尾。辰，又写作"䢈"，是日月交会的意思。夏历指日月交会为朔日，朔日就是每月的初一。伏，是隐藏的意思。太阳在尾宿，故尾宿隐藏不见。"鹑"，指鹑火星，在柳宿九度至张宿十六度之间。按，《礼记·月令》："孟冬之月，日在尾，昏危中，旦七星中。"这里所谓鹑，当指星宿。火中，就是"鹑火中"的意思。天策，星名。日在尾，月在策，月亮比太阳走得快，半夜日月交会于尾宿，到了天明，月亮已经走到天策星的所在了。

下面按经、史、子、集，举例说明学习古汉语要学点天文学的重要性。

一、经　部

《书·尧典》：

乃命羲和，钦若昊天，历象日月星辰，敬授民时。
日中星鸟，以殷仲春；

日永星火，以正仲夏；

宵中星虚，以殷仲秋；

日短星昴，以正仲冬。

"日中""宵中"指昼夜平分，即春分、秋分。"日永"即昼长夜短，指夏至。日短，即昼短夜长，指冬至。春分之日，昏七星中，七星是朱鸟七宿的第四宿，所以说"日中星鸟"；夏至之日，昏心中，心宿又名大火，所以说"日永星火"；秋分之日，昏虚中，所以说"宵中星虚"；冬至之日，昏昴中，所以说"日短星昴"。古人不懂岁差，所以得不到正确的解释，只好含糊其辞。例如《礼记·月令》说："仲冬之月，日在斗，昏东壁中。"那么应该说"日短星壁"，怎么说成"日短星昴"呢？所以孔颖达只好含糊其辞，说："昴，白虎之中星，亦以七星并见，以正冬之三节。"直到唐一行才解了这个谜，宋蔡沈《书集传》采用僧一行的说法，以岁差的道理证明，尧时冬至日在虚，昴昏中。

《书·尧典》：

朞三百有六旬有六日，以闰月定四时成岁。

这是说，太阳一周天共365$\frac{1}{4}$日，举整数来说，就是366日。阴历每年只有354日（或355日），所以要用闰月来解决阴阳历的矛盾，否则春夏秋冬四时就乱了。"岁"和"年"不同："岁"指阳历，"年"指阴历，所以说"以闰月定四时成岁。"

《诗·召南·小星》：

嘒彼小星，维参与昴。

参，参宿。参宿七星，均属猎户座，白虎七宿之末宿。昴，昴宿。昴宿七星，六属金牛座，白虎七宿之第四宿。

《诗·鄘风·定之方中》：

定之方中，作于楚宫。揆之以日，作于楚室。

定，星名，即室宿，又名营室。中，中天。夏历十月（孟冬），昏营室中，这时可以营造宫室。揆，量度。竖立八尺的臬（测日影的标杆），度太阳出入之影，以定东西；又参照太阳正中之影，以正南北。

《诗·郑风·女曰鸡鸣》：

女曰鸡鸣，士曰昧旦。子兴视夜，明星有烂。

"明星"，星名，即启明。启明是金星的别名。由于它比太阳先出，所以叫"启明"。金星晨见东方为启明，昏见西方为长庚。

《诗·小雅·大东》：

维天有汉，监亦有光。跂彼织女，终日七襄。

虽则七襄，不成报章。睆彼牵牛，不以服箱。

东有启明，西有长庚。有捄天毕，载施之行。

维南有箕，不可以簸扬；维北有斗，不可以挹酒浆。

维南有箕，载翕其舌；维北有斗，西柄之揭。

汉，指银河；织女，指织女星。牵牛，指牛宿（不是"牵牛星"）。箕，指箕宿；舌，指箕宿下边的两星。斗，指斗宿即南斗（不是北斗）。柄，指斗柄。

二、史　部

《左传》僖公五年：

凡分、至、启、闭，必书云物。

分，指春分，秋分；至，指夏至，冬至；启，指立春，立夏；闭，指立秋，立冬。

《史记·天官书》：

北斗七星，所谓璇玑玉衡，以齐七政，杓携龙角，衡殷南斗，魁枕参首。

《索隐》引《春秋运斗枢》云："斗第一，天枢；第二，璇；第三，玑；第四，权；第五，衡；第六，开阳；第七，摇光。第一至第四为魁，第五至第七为杓（biāo）。"携，连。龙角，即角宿。殷，中。南斗，即斗宿六星。参，指参宿，

《汉书·天文志》：

汉元年十月，五星聚于东井。以历推之。从岁星也。

汉元年十月，是沿用秦代的十月，等于夏历七月。五星聚，也叫五星联珠，指金、木、水、火、土五行星同时并见于一方。东井，即井宿。岁星，即木星。

《后汉书·天文志》：

元初元年三月癸酉，荧惑入舆鬼。

元初元年三月癸酉，即汉安帝元初元年（公元114年）阴历三月十二日。荧惑，即火星。舆鬼，即鬼宿。

三、子　部

《吕氏春秋》：

孟春之月，日在营室，昏参中，旦尾中。

仲春之月，日在奎，昏弧中，旦建星中。

季春之月，日在胃，昏七星中，旦牵牛中。

孟夏之月，日在毕，昏翼中，旦婺女中。

仲夏之月，日在东井，昏亢中，旦危中。

季夏之月，日在柳，昏心中，旦奎中。

孟秋之月，日在翼，昏斗中，旦毕中。

仲秋之月，日在角，昏牵牛中，旦觜嶲中。

季秋之月，日在房，昏虚中，旦柳中。

孟冬之月，日在尾，昏危中，旦七星中。

仲冬之月，日在斗，昏东壁中，旦轸中。

季冬之月，日在婺女，昏娄中，旦氐中。

孟春，正月；仲春，二月；季春，三月；孟夏，四月；仲夏，五月；季夏，六月；孟秋，七月；仲秋，八月；季秋，九月；孟冬，十月；仲冬，十一月；季冬，十二月。日，太阳。在，指太阳行到什么星宿的所在，叫作"日躔"。昏，黄昏时候；旦，天亮时候。中，中天。指某星宿走到正中最高的位置。营室、参、尾、奎、胃、七星、牵牛、毕、翼、婺女、东井、亢、危、柳、心、斗、角、觜嶲、房、虚、东壁、轸、娄、氐都是星宿名。营室，即室宿；七星，即星宿；牵牛，即牛宿；婺女，即女宿；觜嶲，又作觜觿（guī），即觜宿；东壁，即壁宿。弧，即弧矢，星名，在鬼宿之南，近井宿。建星，近斗宿。

读《左传》"宫之奇谏假道"时，可以拿《吕氏春秋》对照。《吕氏春秋》说："孟冬之月，日在尾，昏危中，旦七星中。"《左传》的"龙尾伏辰"就是日在尾;"鹑之贲贲""火中成军",就是旦七星中,因为七星是属于鹑火这个星次的。

《淮南子·天文训》:

十五日为一节,以生二十四时之变。斗指子则冬至;加十五日指癸,则小寒;加十五日指丑,则大寒;距日冬至四十六日而立春;加十五日指寅,则雨水;加十五日指甲,则雷惊蛰;加十五日指卯,中绳,故曰春分;加十五日指乙,则清明;加十五日指辰,则谷雨;加十五日则春分尽,故曰有四十六日而立夏;加十五日指巳,则小满,加十五日指丙,则芒种;加十五日指午,则阳气极,故曰有四十六日而夏至,加十五日指丁,则小暑;加十五日指未,则大暑;加十五日而夏分尽,故曰有四十六日而立秋;加十五日指申,则处暑;加十五日指庚,则白露降;加十五日指酉,中绳,故曰秋分;加十五日指辛,则寒露;加十五日指戌,则霜降;加十五日则秋分尽,故曰有四十六日而立冬;加十五日指亥,则小雪;加十五日指壬,则大雪。加十五日指子,故十一月日冬至。(原文略有删节)

这是讲二十四个节气。十五日为一个节气。（实际上是十五日多一点。）二十四时，这里指二十四个节气。斗，指北斗的斗柄。子、丑、寅、卯、辰、巳、午、未、申、酉、戌、亥、甲、乙、丙、丁、庚、辛、壬、癸，指斗柄所指的方向。中绳，指昼夜平分。这一段话说明了天文和历法的关系。

《论衡·偶会篇》：

> 火星与昴星出入，昴星低时火星出，昴星见时火星伏。

火星，即心宿；昴星，即昴宿。见，出现。伏，不出现。心宿在东方，昴宿在西方，此出彼没，各不相见。这与参商不相见是一样的道理。

四、集 部

《古诗十九首》之七：

> 玉衡指孟冬，众星何历历！
> ……
> 南箕北有斗，牵牛不负轭。

玉衡，北斗第五星，这里指斗柄。指孟冬，斗柄指着阴历十月的方向，即亥方（参看上文所引《淮南子·天文训》）。南箕，南有箕宿。北有斗，北有斗宿。斗指南斗，由于在箕宿之北，所以说"北有斗"。牵牛不负轭，即《诗经》"睆彼牵牛，不以服箱"的意思。

《古诗十九首》之十：

> 迢迢牵牛星，皎皎河汉女。
>
> 纤纤擢素手，札札弄机杼。
>
> 终日不成章，泣涕零如雨。
>
> 河汉清且浅，相去复几许。
>
> 盈盈一水间，脉脉不得语。

牵牛星，这里指河鼓。河鼓三星，与织女星隔河相对。河汉指银河。河汉女，指织女。

曹植《洛神赋》：

> 叹匏瓜之无匹兮，咏牵牛之独处。

匏瓜，星名，一名天鸡，在河鼓东。牵牛，这里也是指河鼓。

王勃《滕王阁序》：

> 星分翼轸，地接衡庐。

翼轸，指翼宿和轸宿。据《越绝书》，翼轸是南郡、南阳、汝南、淮阳、六安、九江、庐江、豫章、长沙的分野。

骆宾王《狱中咏蝉》诗：

> 西陆蝉声唱，南冠客思侵。

西陆，指昴宿，这里指秋天。司马彪《续汉书》"日行西陆谓之秋。"南冠，指囚犯。《左传》成公九年："南冠而系者谁也？"

陈子昂《春夜别友人》诗：

> 明月隐高树，长河没晓天。

长河，指银河。

沈佺期《夜宿七盘岭》诗：

山月临窗近，天河入户低。

天河，指银河。

张说《恩敕丽正殿书院宴应制》诗：

东壁图书府，西园翰墨林。

东壁，即壁宿。《晋书·天文志》："东壁二星，主文章，天下图书之秘府也。"

岑参《冬夜宿仙游寺》诗：

太乙连太白，两山知几重？

太乙、太白，皆星名，这里指终南山。

李良《蜀道难》诗：

扪参历井仰胁息，以手抚膺坐长叹。

参，参宿；井，井宿；参宿是益州的分野，井宿是雍州的分野。蜀道跨益雍二州，故云。

杜甫《赠卫八处士》诗：

> 人生不相见，动如参与商。

参，参宿。商，即心宿。参在西，商在东，所以不能同时出现在天空。

杜甫《秋日送石首薛明府》诗：

> 紫微临大角，皇极正乘舆。

紫微星座名，三垣之一，古人认为是天帝之座。大角，星名，是北天的亮星，即牧夫座α星，古人以为是天王座。

杜甫《赠王二十四侍郎契》诗：

> 一别星桥夜，三移斗柄春。

星桥，即七星桥。《华阳国志》："李冰守蜀，造桥七，上应斗魁七星。"斗柄，指北斗的柄。三移斗柄春，指时间过了三年。斗杓指东，天下皆春。

杜甫《送李八秘书赴杜相公幕》诗：

339

南极一星朝北斗，五云多处是三台。

北斗，即大熊座。三台，上台、中台、下台，共六星。《晋书·天文志》："在人曰三公，在天曰三台。"

杜甫《泊松滋江亭》诗：

今宵南极外，甘作老人星。

南极，泛指南天，也专指老人星。老人，星名，即龙骨座，在弧矢南。古人以为是寿星，指寿。

韩愈、孟郊《城南联句》：

文升相照灼（愈），武胜屠揱抢。

揱抢（chēng），也作揱枪。天揱、天抢，彗星名。《史记·司马相如传》正义引《天官书》："天揱长四丈，末锐；天抢长数丈，两头锐。其形类彗也。"

苏轼《江城子》词：

会挽雕弓如满月，西北望，射天狼。

天狼，星名，即大犬座 α 星。《晋书·天文志》："狼一星，在东井南，为野将，主侵掠。"

秦观《鹊桥仙》词：

纤云弄巧，飞星传恨，银汉迢迢暗度。

飞星，指牛郎，织女。银汉，指银河。

以上所举经史子集的一些例子，足以说明我们读古书需要具备一点天文历法的知识。

＊　　　　　＊　　　　　＊

读古史的人，应该知道古代的历法。古代以干支纪日，逢朔日则加"朔"字。从朔日可以推知某月某日。例如《左传》僖公三十二年："冬，晋文公卒。庚辰，将殡于曲沃。"我们推知庚辰是鲁僖公三十二年十二月十日。《资治通鉴·淝水之战》："八月戊午，坚遣阳平公融督张蚝、慕容垂等步骑二十五万为前锋。……甲子，坚发长安戍卒六十余万。"我们推知戊午是晋太元八年（公元383年）八月初二日，甲子是八月初八日，因为八月朔日（初一）是丁巳。那么，我们怎么知道哪一天是朔日呢？那就是天文学的问题。日月交会之日为朔日，所谓合朔。

341

每月最后一日叫作"晦"，最初一日叫作"朔"，"晦"与"朔"是相连的，晚上没有月光，所以叫"晦"。《说文》有一个"朓"字云："晦而月见西方谓之朓。"这是历法未密之所致。

《春秋》经·襄公二十七年："冬十有二月，乙卯朔，日有食之。"《左传》："十一月乙亥朔，日有食之。辰在申，司历过也，再失闰矣。"这里有两个问题：（一）《春秋》经所载日食的月日与《左传》不同，是谁错了？（二）《左传》说是"失闰"，为什么？这也都是历法问题。杜预说：《左传》是对的，因为依长历推算，应该是十一月，不是十二月。杜预又说，周历十一月等于夏历九月，夏历九月应该是斗建指戌，不该是指申（"辰在申"）。鲁文公十一年三月甲子到襄公二十七年共七十一年，应该有二十六个闰月，现在按长历推算只有二十四个闰月，可见漏了两个闰月（"再失闰"）。依杜预的意见，这里应该说九月乙亥朔才对（等于夏历七月），这是春秋时代司历（主管历法的官）的错误。

由此可见，读古史的人要懂一点历法；而要懂一点历法必须先懂一点天文。

龙虫并雕

会着棋的人没有闲着，

会说话的人也没有闲话。

劝　菜

　　中国有一件事最足以表示合作精神的，就是吃饭。十个或十二个人共一盘菜，共一碗汤。酒席上讲究同时起筷子，同时把菜夹到嘴里去，只差不曾嚼出同一的节奏来。相传有一个笑话：一个外国人问一个中国人说："听说你们中国有二十四个人共吃一桌酒席的事，是真的吗？"那中国人说："是真的。"那外国人说："菜太远了，筷子怎么夹得着呢？"那中国人说："我们有一种三尺来长的筷子。"那外国人说："用那三尺来长的筷子，夹得着是不成问题了，怎么弯得转来把菜送到嘴里去呢？"那中国人说："我们是互相帮忙，你夹给我吃，我夹给你吃的啊！"

　　中国人的吃饭，除了表示合作的精神之外，还合于经济的原则。西洋每人一盘菜，吃剩下来就是暴殄天物；咱们中国人，十人一盘菜，你不爱吃的却正是我所喜欢的，互相调剂，各得其所。因此，中国人的酒席，往往没有剩菜；即使有剩，它的总量也不像西餐剩菜那样多，假使中西酒席的菜本来相等的话。

有了这两个优点，中国人应该踌躇满志，觉得圣人制礼作乐，关于吃这一层总算是想得尽善尽美的了。然而咱们的先哲犹嫌未足，以为食而不让，则近于禽兽，于是提倡食中有让。起初是消极的让，就是让人先夹菜，让人多吃好东西；后来又加上积极的让，就是把好东西夹到了别人的碟子里、饭碗里，甚至于嘴里。其实积极的让也是由消极的让生出来的，遇着一样好东西，我不吃或少吃，为的是让你多吃；同时，我以君子之心度君子之腹，知道你一定也不肯多吃，为的是要让我。在这僵局相持之下，为了使我的让德战胜你的让德起见，我就非和你争不可！于是劝菜这件事也就成为《乡饮酒礼》中的一个重要项目了。

劝菜的风俗处处皆有，但是素来著名的礼让之乡如江浙一带尤为盛行。男人劝得马虎些，夹了菜放在你的碟子里就算了；妇女界最为殷勤，非把菜送到你的饭碗里去不可。照例是主人劝客人；但是，主人劝开了头之后，凡自认为主人的至亲好友，都可以代主人来劝客。有时候，一块好菜被十双筷子传观，周游列国之后，却又物归原主！假使你是一位新姑爷，情

346

形又不同了。你始终成为众矢之的，全桌的人都把好菜堆到你的饭碗里来，堆得满满的，使你鼻子碰着鲍鱼，眼睛碰着鸡丁，嘴唇上全糊着肉汁，简直吃不着一口白饭。我常常这样想，为什么不开始就设计这样一碗"什锦饭"，专为上宾贵客预备的，反倒要大家临时大忙一阵呢？

劝菜固然是美德，但是其中还有一个嗜好是否相同的问题。孟子说："口之于味，有同嗜也。"我觉得他老人家这句话多少有些语病，至少还应该加上一段但书①。我还是比较喜欢法国的一句谚语："惟味与色无可争。"意思是说，食物的味道和衣服的颜色都是随人喜欢，没有一定的美恶标准的。这样说来，主人所喜欢的好菜，未必是客人所认为好吃的菜。肴馔的原料和烹饪的方法，在各人的见解上（尤其是籍贯不相同的人），很容易生出大不相同的估价。有时候，把客人所不爱吃的东西硬塞给他吃，与其说是有礼貌，不如说是令人难堪。十年前，我曾经有一次做客，饭碗被鱼虾鸡鸭堆满了之后，我突然把筷子一放，宣布吃饱了。直等到主人劝了又劝，我才说："那么请你们给我换一碗白饭来！"现在回想，觉得当时未免少年气盛；然而直到如今，假使我再遇同样的情形，一时

---

① 法律条文中"但"或"但是"以下的部分，用以指出该条文的例外或限制。

急起来，也难保不用同样方法来对付呢！

中国人之所以和气一团，也许是津液交流的关系。尽管有人主张分食，同时也有人故意使它和到不能再和。譬如新上来的一碗汤，主人喜欢用自己的调羹去把里面的东西先搅一搅匀；新上来的一盘菜，主人也喜欢用自己的筷子去拌一拌。至于劝菜，就更顾不了许多，一件山珍海错，周游列国之后，上面就有了六七个人的津液。将来科学更加昌明，也许有一种显微镜，让咱们看见酒席上病菌由津液传播的详细状况。现在只就我的肉眼所能看见的情形来说。我未坐席就留心观察，主人是一个津液丰富的人。他说话除了喷出若干吐沫之外，上齿和下齿之间常有津液像蜘蛛网般弥缝着。入席以后，主人的一双筷子就在这蜘蛛网里冲进冲出，后来他劝我吃菜，也就拿他那一双曾在这蜘蛛网里冲进冲出的筷子，夹了菜，恭恭敬敬地送到我的碟子里。我几乎不信任我的舌头！同时一盘炒山鸡片，为什么刚才我自己夹了来是好吃的，现在主人恭恭敬敬地夹了来劝我却是不好吃的呢？我辜负了主人的盛意了。我承认我这种脾气根本就不适宜在中国社会里交际。然而我并不因此就否定劝菜是一种美德。"有杀身以成仁"，牺牲一点儿卫生戒条来成全一种美德，还不是应该的吗？

1943年5月《中央周刊》

请　客

　　中国人是最喜欢请客的一个民族。从抢付车费、抢会钞，以至于大宴客，没有一件事不足以表示中国是一个礼让之邦。我的钱就是你的钱，你的钱也就是我的钱，大家不分彼此；你可以吃我的，用我的，因为咱们是一家人。这种情形，西洋人觉得很奇怪。请恕我浅陋，我没有见过西洋人抢付过车费，或抢会过钞。我们在欧洲做学生的时代，因为穷，大家也主张西化，饭馆里吃饭，各自付各自的钱，相约不抢着会钞。西洋人宴客是有的，但是极不轻易有一次，最普通的只是来一个茶会，并不像中国人这样常常请朋友吃饭。这些事情，都显得中国人比西洋人更慷慨更会应酬。

　　其实，中国人这种应酬是利用人们喜欢占便宜的心理。不花钱可以白坐车、白吃饭、白看戏，等等，受惠的人应该是高兴的。一高兴，再高兴，三高兴，高兴的次数越多，被请的人对于请客的人就越有好印象。如果被请的人比我的地位高，他可以有求必应，助我升官发财；如果被请的人比我的地位低，他也可以到处吹嘘，逢人说项①，增加我的声誉，间接地于我有益。中国人向来主张受人钱财，与人消灾的，不花钱而可以白坐车、白吃饭、白看戏，也就等于受人钱财，若不与人消灾，就该为人造福。由此看来，请客乃是一种小往大来的政策，请客的钱不是白花的。知道了这一个道理，我们就明白为什么对于亲弟兄计较锱铢，甚至对于结发夫妻不肯共产的人，为请客而挥霍千金，毫无吝色；又明白为什么家无儋石②、对泣牛衣的人偏有请客的闲钱。原来大多数人的请客不是目的，而是手段；不是慷慨，而是权谋！

青蚨③在荷包里飞出去是令人心痛的，而小往大来的远景却是诱惑人的，在这极端矛盾的心情之下，可就苦了那些一毛不拔的悭吝者。当在抢付车费、抢会钞或抢买戏票的时候，为了面子关系，不好意思不抢，为了荷包关系，却又不敢坚持要抢，结果是得收手时且收手，面子顾全了，荷包仍旧不空。

---

① 指替别人说好话。唐代项斯被杨敬之器重，有诗云："平生不解藏人善，到处逢人说项斯。"

② 语出《汉书·扬雄传》："家产不过十金，乏无儋石之储。"

③ 钱的一种代称。

最糟糕的是遇着了同道的人，你一抢他就放松，结果虽是"求仁得仁"，却变了哑子吃黄连，心里有说不出的苦。不过，悭吝的人也未尝不请客；有时候，他们请客的次数要比普通人更多，因为吝者心贪，贪者毕竟抵不住那小往大来的远景的诱惑。于是他们想拿最低的代价去博取最大的利益：每次请客吃饭，东西拣最便宜的吃，分量越少越好，最好是使客人容易饱，容易腻，而主人所费又不多。甚至连请几天，昨晚剩的菜今天还可以吃，虽然让客人吃别人的余唾颇为不恭，然而请客毕竟是请客，余唾吃了之后，仍旧不怕他不说一声"谢谢"。这是手段之中有手段，权谋之外有权谋！

话又说回来了，请客真的是一种好风气吗？真的能联络感情吗？我曾经亲耳听见抢会了钞的人背面骂那让步不坚持要抢的人，说他小气，说他卑鄙。我又曾经亲耳听见吃了人家的酒饭的人一出大门就批评主人：五溜鱼只有半边，清炖鸡只有半只，烟臭如菸，酒淡如水，厨子烹调无术，主人招待不周！可见中国既有了抢付钱的习俗，不抢付钱竟像是私德有亏，友谊有损；又有了滥请客的风尚，不请客的固然被认为不善交际，请客如果请得不痛快，那钱也只等于白花。勿谓郇厨既扰，即尽衔恩；须防金碗虽倾，终难饱德。老饕未餍，微禄半消！小往大来的请客哲学真是害人不浅！

被请的人有时候也很苦：明知受人钱财就得与人消灾，但是又没有拒绝的勇气，于是计划还席或回客。受了人家的好处，再奉还若干好处给人家，这样就算两相抵消，不再负报答的责任。其实这样设想是自寻烦恼。最干脆的办法是既不请人，也不怕被人请。如果有人抢着代我付车费或会钞，我就一声不响地让我的青蚨"回龙"。如果有人请我吃大菜我就两肩承一口，去吃了就走，不耐烦道一声谢，更不理会什么是一饭之恩。假使人人如此，中国可以归真返璞，社会上可以少了许多虚伪的行为，而政府也不再需要提倡俭约和禁止宴会了。

1943年10月3日《生活导报》第四十三期

奇特的食品

　　我常常像小孩般发出一个疑问：人类的食品为什么大致相同？是各民族不约而同地各自发现的呢，还是由甲地传入乙地，逐渐传遍全世界的呢？像米、胡椒、芥末之类，自然是从东方传入欧洲的；但是，牛羊鸡猪以及麦类等，又是谁传给谁的呢？

　　不过，从反面说，不相同的食品也不少。甲民族所不吃的东西，如果乙民族吃它，就被认为一种奇特的风俗。实际上凡不含毒素的东西都可以作为食品。然而人们都不能这样客观，总觉得我们所认为不能吃，甚至令人作呕或可怕的东西，而你们居然吃了，实在是一件不可思议的事情。成见深些的人，会因此就把野蛮民族的头衔轻轻地加在别人的身上！当法国人笑咱们中国人吃燕子窝的时候，我并不耐烦和他们解释一番大道理，我只回答他们说："中国人虽吃燕子窝，却不像你们吃蜗牛啊！"

吃鳖的风俗，中国上古就有了。郑公子归生因为吃不着大鳖，竟至于杀君。吃狗的风俗，中国上古也有了。《礼记》言"食犬"，《仪礼》言"烹狗"，这是多么正经！《孟子》说"鸡豚狗彘之畜，无失其时，七十者可以食肉矣"，竟像是说七十岁才有吃狗肉的权利，这是多么珍贵！《左传》说"郑伯使卒出豭，行出犬鸡，以诅射颍考叔者"[①]，则狗肉还可以祭鬼神呢！狗肉可以作食品，始于何时，固然难于考定。然而殷墟文字中已有"犬"字；谁也不敢断言当时的狗只为畋猎之用，耕牛可供食品，猎犬何独不然？吃狗肉的风俗直至汉代还未消灭，所以樊哙能以屠狗为业。其实，猪是世界上最脏的畜类，人们尚且吃它；狗肉又何尝不可以吃？问题在乎当时的狗是否也吃人粪，我想是不吃的；等到它吃粪的时代，一般人就不吃它了。《史记正义》在"屠狗"下注云："时人食狗，亦与羊豕同，故哙专屠以卖之。"可见唐代的人已经不吃狗肉。

除了鳖和狗之外，现代广东人还吃猫、蛇、猴等物。其实这种奇异的食品是更仆难数的。龙虱、蚂蚱之类，喜欢吃的人

---

① 见《左传·隐公十一年》。卒，百人为卒。豭（jiā），雄猪。行，二十五人为行。颍考叔，郑国大夫。

不愿意把它们去换海参、鱼翅！广西南部有一种当篱笆用的小树名叫"篱固"，牧童们喜欢用刀剜取树中的一种蛹，用油煎熟来饮酒。此外，黄蜂的蛹也是下酒的佳肴。

小孩的食品也有很奇特的。据说兽粪中的一种硬壳虫是小孩的滋补品。如果小孩伤风咳嗽，用蟑螂去头足，煎汤服之即愈。越南人对于小孩，喜欢给他吃壁蟢。据说也是滋补品。

成年人所吃的药品，在中国也有极奇特的，中药书上的人中黄、人中白、紫河车之类，非但吓倒西洋人，连我们这一代的中国人恐怕也咽不下去。此外还有些药书所未登录的验方，例如脖子内生疬子筋的人，据说壁虎可治。其法系将活的壁虎送进喉咙，注意使它的尾巴先进去。这种治病方法实在惊人，但只可惜壁虎的味道不能细细咀嚼了。

奇特的食品在吃惯了的人看来也并不奇特。但是，不知是否怕别处的人嗤笑，人们对于那些奇特的食品往往喜欢锡以嘉名。明明是鳖，偏叫它甲鱼；明明是青蛙，偏叫它田鸡；明明是甲壳虫之一种，偏叫它龙虱；明明是蛇和猫，偏叫它龙虎斗；明明是狗肉，偏叫它香肉。药品亦然，明明是胞衣，偏叫它紫河车。其实这也难怪，名称对于心理的影响是很大的。冬笋是咱们所喜欢吃的东西，西洋人偏要说咱们吃的是"嫩竹"或

"竹芽"，听来未免有点儿刺耳。咱们的顶上官燕在他们的嘴里变了"燕子窝"，连咱们中国人听了这种名称也要作三日呕了。

大致说来，凡能刺激人的东西都是好的。湖南人的辣椒、广东人的苦瓜，其妙处全在那辣和苦。最臭的东西也就是最香的。初到南洋的人，每吃榴莲（水果名）一次，必呕吐一番。但是，如果你肯多吃几次，则你之喜欢榴莲，将甚于杨贵妃之喜欢荔枝。"日啖榴莲三十颗，不妨长作南洋人"，华侨当中不乏作此想者。最令人作呕的东西也就是最富于异味的。相传蜀中某名士擅易牙之术，一日宴客，自任烹调。众客围桌以待朵颐之乐。忽见仆人把一只马桶端上桌来，主人跟着进来把桶盖揭开，里面珍错杂陈。吃起来，其味百位于常品，这主人就是善于利用人们的恶心的。

我们认为，每一个民族都有选择他们的食品的自由。假使有某一地方的人奉耗子为珍馐，我们也并不觉得他们比吃兔肉的人更野蛮，更可鄙。但是，不反对人家虽是易事，和人家同化毕竟很难。十年前我被法国朋友强劝，吃了一个蜗牛，差点儿不曾呕出来，至今犹有余悔。我非但是中国人，而且家乡距离专吃异味的广东不到二十里，然而我生平对于田鸡和甲鱼，始终不敢稍一染指；鳝鱼虽吃过几次，总不免

"于我心有戚戚焉"，至于猢狲、长虫、狸奴和守门忠仆之流，更不是我所敢问津的了。——唉！人类几时能免为成见的奴隶呢？

1942年春《中央周刊》

姓　名

　　姓名是专名的一种。既然是专名，就应该是一个人所独有的了；然而世界上不少同姓或同名的人，甚至名字都相同。西洋人同名的多，同姓的少；中国人却是同姓的多，同名的少。西洋人普通说出一个姓来，大家就知道是谁；中国人说出姓来还不够，往往需要姓名并举。越南人同姓的更多，最常见的只有阮、黎、李、陈、范、吴几姓，名的第一个字也往往相同，所以他们习惯上称名不称姓，例如阮文桂只称桂先生，不称阮先生。

　　西洋的姓和名本是同源的。许多教会里给予的洗礼名后来都变成了姓。但是大多数的姓的来源却不是由于洗礼。只有名往往是代父或代母题的，这些名差不多全是采用日历上的圣名或上古伟人的名字，所以能有无数的约翰、约瑟、杰克、阿朵尔夫、亨利、海伦、玛丽等。一般姓的来源，说来很有趣味。有些是由于原籍或出生地的名称，所以有些人姓山（译意，下

358

同），因为来自山上；姓河，因为来自河边；还有姓谷、姓桥、姓桦树坪之类。有些是由于职业，所以有人姓商、姓匠、姓面包商、姓车匠、姓金匠、姓铁匠、姓鞍鞯匠、姓绳索商、姓木屐匠、姓磨坊主人、姓泥水匠和姓裁缝之类。更有趣的是由绰号或小名变为姓：有人姓胖、姓大、姓小、姓年轻、姓弯腰、姓竖发、姓棕发、姓蓬头、姓赭、姓白、姓黑、姓短大腿、姓独眼龙、姓驼背、姓细毛、姓小约翰、姓大约翰、姓胖约翰，甚至姓坏蛋拖油瓶；又有人姓鱼、姓猴子、姓母羊、姓梨树、姓苹果树、姓葡萄苗、姓李子、姓玫瑰。由绰号小名变为姓的原因，据说是在从前同姓同名的人太多了。譬如一村只有五六姓，每一姓就有许多约翰，许多亨利，混乱得很，于是人们不喜欢叫名字，只叫绰号，后来渐渐地绰号替代了真姓名。姓年轻的人活了八九十岁，人家仍叫他年轻先生；姓胖的儿子虽然很瘦，人家仍旧叫他胖先生；面包商的孙子做了大官，仍旧姓的是面包商。名流之中不乏其例，美国诗人朗费罗，直译该是长脚或高个子；去年才退位的法国总统勒布伦，直译该是棕发先生。

以形为名，中国上古似乎是有的。春秋时代，郑国有公孙黑，孔子的弟子狄黑，晋国有蔡黯。最有趣的是卫国有公子黑背；楚国有黑要（腰），又有公子黑肱；晋成公的名是黑臀。他们说不定就是因为背、腰、肱、臀等处生着黑痣，所以得到这种名字。至于以名记事，就更多了。郑庄公是他母亲睡着的时候生的，她醒来吃了一惊，就命名为寤生。楚令尹子文是吃过老虎奶的，楚人叫奶作“谷”，叫老虎作“於菟”，而子文姓斗，所以他的姓名是斗谷於菟。直到现在，咱们还有一些以名记事的习惯，例如生于上海就以申为名，生于广西就以桂为名。抗战以后，外省人在昆明生的儿女，不少以昆为名的。依我猜想，重庆的三岁以下的小孩以庆或渝为名的，也该不在少数吧。

中国人命名爱用吉利语，也是自古而然的。无忌、无咎、无亏、无骇、弃疾、去病、千秋之类，汉以前就有了。“福、禄”一类的字是较后起的。关于寿，大家喜欢用寿彭、鹤龄、嵩年之类；龟年本来也是美名，但是“龟”字变了骂人的术语之后，大家就避免不用了。近似于吉利语的，则有仰慕古人的字眼：泛指的有希圣、希贤、希哲等；专指的，如姓张，往往是学良、效良或希骞[①]；如果姓李，则往往是希纲、希泌、希白等。

自从女子读书之后，妇女也有名字了。不知为什么，多数人喜欢用些和男子不同的名字。虽不致像越南女子一律在姓下

① 良指汉初功臣张良，骞指凿空西域的张骞，都是张姓名人。

名上加一个"氏"字（如黎氏贵），但如淑贞、淑芳、兰英、静婉之类，总像是带着女性的标记。有些书香人家喜欢在《诗经》里找名字，如舜华、舜英①等，这似乎不是很好的办法，因为《诗经》中用这种字眼形容女子是不怀好意的，至少向来的解释是如此。近来风气似乎是变了，许多女学生的名字都和男学生一样了。

因为中国人命名喜欢用吉利或顺眼的字眼，所以姓名很容易雷同，男的不知道有多少世昌和其昌，女的不知道有多少淑贞和淑芳！即使加上姓的分别，同姓的世昌和淑贞还是不在少数。姓名雷同所引起的误会，小而至于被冒领信件，大而至于替人坐监牢，那不是好玩的。听说某先生曾接到某部长的一个电报，叫他到重庆去，他实在莫名其妙，于是复电请问可否从缓启程，那位部长又来一个电报催促，这位先生急得没法了，再打一个电报说明自己的籍贯，那位部长才知道是误会了。这件事虽不至于坐监牢，总算是小小的麻烦，而且耽误了部长的要事，更可说姓名雷同的缺点。

幸亏近代以来，各家族有所谓字辈。字辈和末一字连起来不一定有意义，所以不容易和别人的雷同。只可惜字辈之中仍

---

① 见《诗经·郑风·有女同车》："颜如舜华""颜如舜英"。舜，木槿。

有许多极常见的字，如"世、其、昌、永、福"之类，和末一字凑起来，仍旧难免和别人的名字相重。新近又有一种采用外国名字的倾向，如约翰、珍妮等，这自然是很新的玩意儿。但在竞尚欧化的今日，我们可以断定将来这一类的名字比世昌、淑贞还更普遍。除非不用普通的译名而自创新的译名，如洪煨莲先生[①]；否则将来此风一盛，不难有千百个马约翰！西洋人用洗礼名是可以的，因为他们同姓的人少；咱们中国人用洗礼名是极容易雷同的，因为咱们同姓的人多。假使将来大多数的中国人都用洗礼名，恐怕只好"全盘西化"，改用"面包商、铁匠"一类的姓氏了。

为了避免雷同，有些雅人采用偏僻的名字，我本人就是其中的一个。在十五六岁时，我嫌父亲所给的名和老师所给的字都太俗，太普遍，于是自己改名为"力"，改字为"了一"。但是所谓僻名也是没有标准的。我改名不到几个月，就看见《小说月报》上有个饶了一。后来又知道《西儒耳目资》的刊行者王征别字了一道人。了一道人姓王，这有多么巧！名字古怪了，虽然不容易雷同，却有另外一种麻烦。人们看不顺眼，就会念错，曾经有一个邮差在我的门口高喊"王力先收信"

---

① 即历史学家洪煨莲（1893-1980），原名业，号煨莲，取英文William之音。

（把"先生"的"先"连上念）；另一次又有一个在院子里喊"王了的电报"。前者是添足，还有可说；后者竟是刖刑！

我的名字虽是僻名，却非僻字。若索性用了僻字，大约是不会和别人相重了。但是，天哪，我的名字还有人误念为王刀！试想僻字还有人念得出声音来吗？王世杰先生之被念成王世术，夏丏尊先生之被念成夏丐尊，该怨一般人认识的字太少呢，还是该怪自己用字太深？

中国人于姓名之外，还有一个字，这也是由来已久的。字不一定要有两个字，例如蔡公孙霍字盱，齐高齕字龁，项籍字羽，刘邦字季。就是加"子"字和"孟、仲、叔、季"之类，也可当作一个字看待。"孟、仲、叔、季、伯、子、父（甫）"等字的来源较古；"堂、廷、斋、幼"等字是后起的。表字根据经典，似乎春秋时代就有了的。陈公子佗字五父，王引之以为是根据《诗经》"素丝五紽"之句，"紽、佗"通。后代相习成风，于是名凤者字鸣岐、名琼者字子瑶之类，差不多看见了字就猜得着名。其中也有割裂得极不通的，如聚五、立三、绳祖[①]等。这种风俗，最近一二十年来似乎渐趋消灭了。青年们往往

---

① 聚五，指五星聚或五星连珠，即金木水火土五星连成一线；立三，指立德、立功、立言，见《左传》："太上立德，其次立功，其次立言。"绳祖，指继承祖业，见《诗经》："绳其祖武，于斯万年，受天之祜。"

只有姓名，没有表字。因此，他们也就多数不懂称呼上的规矩①。有一个高中的学生写信给我，封面写的是王了一，信内却称王力先生。但是，有一位朋友在某机关当秘书，同事们却又劝他取一个表字，以便称呼。青年总是和社会打成两橛的，区区称呼一事也不在例外。

实际上，一个人有两个名字，在现代，非但没有好处，并且还有坏处，常常有人知道我叫王力，还问我认识不认识王了一。这且不提。在北平的时候，有人寄钱给我，写的是王了一。我只有两个图章，其一是王力，另一是了一，银行里不许我取款，因为前者是姓合名不合，后者是名合而没有姓。结果是劝我花了一角钱在刻字摊上刻一个木印，才算办清手续！朱佩弦先生的别名比我更多，也曾遇着同样的情形。他气起来，就叫人刻了一个十几个字的图章，文曰"朱自清字佩弦，又字某某，又字某某之印"，这样才算是处处通用了。

别号和表字不同，却和现代所谓笔名是一样的东西。旧文学家之有别号，正像新文学家之有笔名。《儿女英雄传》的著者署名燕北闲人，和《阿Q正传》的著者署名鲁迅，只有摩登不摩登的分别而已。文学家之用笔名，不外两种原因：第一是

---

① 旧时为表示尊敬，不能直呼其名，而要称对方的字。

换换新花样，第二是不让人家知道真姓名。若为的是换换新花样，那没有什么可说；若为的是隐藏真姓名，这个目的却不容易达到。世间只有捐钱修葺寺庙的"无名氏"没有人根究真姓名，否则只要人家肯调查，总会查得出来。甚至自署"废名"的，人家还会知道他是冯文炳。固然，笔名常常变换的人比较容易隐藏真姓名，但这是和文坛登龙术相违背的；一般人总喜欢专用一个笔名，以便读者深深印入脑筋。但是咱们须知，名字只是一个人的标记，如果天下人都只知道你的笔名，那么，从某一意义上说，这个笔名才是你的真名，而你本来的名字反倒等于完全废弃或半废弃的原名了。由此看来，笔名满天下而原名湮没无闻者，事实上等于改名换姓。改名固然平平无奇，换姓也不过等于一个招赘女婿或螟蛉女儿。人家给咱们介绍一位沈德鸿字燕宾又字雁冰的先生，不如介绍茅盾来得响亮；介绍一位谢婉莹女士，不如介绍冰心来得如雷贯耳。等到自己也肯公然承认名叫茅盾或冰心的时候，仍不失为行不更名、坐不改姓的好汉。千秋万岁后，非但真假难辨，而且弄假成真。除了研究西洋文学史的人外，谁还知道莫里哀的真姓名是让·巴蒂斯特·波克兰，司汤达的真姓名是亨利·贝尔，乔治·桑的真姓名是奥罗尔·杜班或杜德方男爵夫人呢？

1942年11月13日《生活导报周年纪念文集》

说　话

　　说话是最容易的事，也是最难的事。最容易，因为三岁孩子也会说话；最难，因为擅长辞令的外交家也有说错话的时候。

　　会说话的人不止一种：言之有物，实为心声，一謦一欬，俱带感情，这是第一种；长江大河，源远莫寻，牛溲马勃，悉成黄金，这是第二种；科学逻辑，字字推敲，无懈可击，井井有条，这是第三种；嬉笑怒骂，旁若无人，庄谐杂出，四座皆春，这是第四种；默然端坐，以逸待劳，片言偶发，快如霜刀，这是第五种；期期艾艾，隐蕴词锋，似讷实辩，以守为攻，这是第六种。这些人的派别虽不相同，实有异曲同工之妙。普通喜欢用"口若悬河"四个字来形容会说话的人，其实这是很不恰当的形容语。泼妇骂街往往口若悬河，走江湖卖膏药的人，更能口若悬河，然而我们并不承认他们会说话，因为我们把这"会"字的标准定得和一般人所定的不同的缘故。

应酬的话另有一套，有人专门擅长此术。捧人捧得有分寸，骂人骂得很含蓄，自夸夸得很像自谦，这些技巧都是可以意会而不可以言传的。尽管有人讨厌油嘴的人，但是实际上有几个人能不上油嘴的当？和油嘴相反的是说话不知进退，不识眉眼高低。想要自抬身份，不知不觉地把别人的身份压低；想要恭维别人，不知不觉地使用了些得罪人的语句。这种人的毛病在于冒充会说话，终于吃了说话的亏。我有一次听见某先生恭维一位新娘子说："人家都说新娘子长得难看，我觉得并不难看。"这种人应该研究十年心理学，再来开口恭维人！

有些人太不爱说话了，大约因为怕说错了话，有时候又专拣有用的话来说。其实这种人虽是慎言，也未必得计。越不说话，就越不会说，于是在寥寥几句话当中，错误的地方未必比别人高谈阔论里的错误少些。至于专拣有用的话来说，这也是错误的见解。会说话的人，其妙处正在于化无用为有用，利用一些闲话去达到他的企图。会着棋的人没有闲着，会说话的人也没有闲话。

有些人却又太爱说话了，非但自己要多说，而且不许别人多说。这样，就变成了抢说。喜欢抢说的人常常叫人家让他说完，其实看他那滔滔不绝的样子，若等他说完真是待河之清！这种人似乎把说话看作一种很大的权利，硬要垄断一切，不肯让人家利益均沾。偶然遇着对话的人也喜欢抢说，就弄成了僵局。结果是谁也不让谁，大家都只管说，不肯听，于是说话的意义完全丧失了。

打岔和兜圈子都是说话的艺术。打岔往往是变相的不理或拒绝。"王顾左右而言他"，梁惠王就这样地给孟子碰过一回钉子。兜圈子往往是使言语变为委婉，但有时候也可以兜圈子骂人。兜圈子骂人就是挖苦人；说挖苦话的人自以为绝顶聪明，事后还喜欢和别人说起，表示自己的说话艺术。但是，喜欢挖苦的人毕竟近于小人，因为既不大方，又不痛快。

说话的另一艺术是捉把柄。人家说过了什么话，就跟着他那话来做自己的论据。这叫作"以子之矛，刺子之盾"，往往能使对方闭口无言。不过，如果断章取义，或故意曲解，也就变为无聊了。

上面所说的打岔、兜圈子和捉把柄，相骂的时候都用得着。打岔是躲避，兜圈子是摆阵，捉把柄是还击。可惜的是：相骂的人大多数是怒气冲冲，不甘心打岔，不耐烦兜圈子，忘了捉把柄。由此看来，骂人决胜的条件是保持冷静的头脑。泼妇和人相骂往往得胜，并不一定因为她特别会说话，只因她把相骂当作一种娱乐，故能"好整以暇"，不至于被怒气减低了她平日说话的技能。

　　说话比写文章容易，因为不必查字典，不必担心写白字；同时，说话又比写文章难，因为没有精细考虑和推敲的余暇。基于这后一个理由，像我这么一个极端不会说话的人，居然也写起一篇"说话"来了。

1943年7月18日《生活导报》第卅四期

简　称

简称，在中国古书中也偶然看见过，如司马迁被简称为"马迁"，司马长卿被简称为"马卿"，东方朔被简称为"方朔"，这是复姓被简化为单姓；钟子期被简称为"钟期"，这是复名被简化为单名。这种简称曾经被人讥讽过，因为生生地把人家的姓名割裂了。政府机关的名字偶然也有简称，例如元代的中央政府叫作"中书省"，各路的政府叫作"行中书省"，简称为"行省"，后来中央政府不再称为中书省，于是"行省"又渐渐被简称为"省"，"省"的意义也由地方政府变而为地方区域了。

但是，最近一二十年来，中国语言里的简称多如牛毛，却不是仿效"马卿、方朔"之类。古人的简称是偶然，今人的简称却是一种风气。现在的简称可以大别为两种：第一种是截取式；第二种是紧缩式。截取式例如美利坚合众国简称为"合众

370

国"，截取全称的一半，虽然简化了，而文义仍旧可通。清末和民国初年的简称大致是采取这个形式。紧缩式例如苏维埃联邦简称为"苏联"。把全称分为两三部分，再把每一部分紧缩为一个字，这样，在文义上已经不可通，只是模仿西洋initial的办法。最近一二十年的简称，大多数是采用这个形式。如果采用后一个形式，美利坚合众国应该简称为"美合"或"美合国"，基督教青年会应该简称为"基青会"，三民主义青年团应该简称为"三青团"，知识青年军应该简称为"知青军"，《自由论坛周报》应该简称为《自论周报》。

两种简称各有利弊：截取式的好处是对话人或读者还可以望文生义，得到全称的一半意思；坏处是意义不全，多少总有语病。紧缩式的好处是在某一些情形之下，可以暗示全称；坏处是对话人或读者，在没有听惯或看惯以前，一时摸不着头脑，不知全称究竟是什么。一个全称应该怎样简化，大约须看文字组合的方式而定。

简称本是一种贪图方便的从权办法。可惜大家用得太滥了。知识青年军简化为"青年军"之后，无形中显得和普通的军队对称，难道普通的军队都是老年军？最糟糕的是某一些紧缩式，共产党简称为"共党"，依文义看来很像许多人共同组织的党，难道还有一个人单独组织的党？中国共产党简称为

"中共"，未免太简了。听说某一次有一篇指责"中共"的文章被手民都误排为"中央"！学校的简称也是够令人头痛的。"北大"最老，北平大学只好退让一步，用第二字简称为"平大"；从前广东大学简称为"广大"，广西大学只好简称为"西大"；倒是清华、南开、中法三个大学拘谨些，不大简称为"清大、南大、中大"，否则"清大"势必和青岛大学在声音上相混，"南大"势必和南洋大学相混，"中法"之简称"中大"更和"中央、中山、中正"相混了。中正大学成立得晚些，只好对"中央、中山"让步，用第二字简称为"正大"（我们取笑过萧叔玉的"正大校长"，因为显得别的校长都是"偏小校长"）。但是"中央、中山"却各不相让，都自称为"中大"，等到对话人问他是中央大学呢还是中山大学，他还得答复一个全称。本来想省两个字，结果是多说了两个字，又累得对话人多问了一句话，何苦来！最可笑的是有些并不知名的中学，它的学生对人称呼他们的母校也用简称，令人瞠目结舌，简直不知所谓！梅贻琦先生在集会里，很少（我竟没有听见过）把西南联合大学简称为"西南联大"，尤其是不肯简称为"联大"，这种规矩似乎是不能嘲为拘泥的。

报纸标题的简称，似乎是比较可以原谅的。但是，在新闻里，应该叙述全称；至少，应该有一次叙及全称，例如"六全大会"和"十二中全会"之类，应该让我们知道全称究竟是一个什么会。国民的政治常识本来就很差，咱们不该让他们多猜谜了！

新闻检查简称为"新检"，图书杂志审查简称为"图审"，由此类推，讨老婆可简称为"讨老"，捉汉奸可简称为"捉奸"。拉丁化运动简称为"拉运"，大约用的是骡马大车，而不是汽油大卡车。新生活运动简称为"新运"，乍看起来，只令人猜想不是囤积的旧货。将来如果再有"新文化运动、新政治运动、新秩序运动"等，不知又该简称为什么？从前有一个笑话，一个人作了一首简洁的诗，第一句是"吾本江吴百"，自注云："我本是江苏吴县之百姓也。"有一次报纸上也有一句"以重肃政"，可惜没有注明"以重肃清烟毒之政令也"！简洁到了这种地步，虽是妙文，然而读者苦矣！

记得前几年政府曾有一道命令，禁止正式公文中用简称，理由是有些简称简得莫名其妙。我们希望报纸杂志上也稍稍管束这一匹无缰之马，在可能的范围内少写一些"吾本江吴百"，我们看报也看得顺利些。

1945年10月13日《自由论坛周报》

题　壁

　　题壁不知始于何时。相传司马相如过升仙桥，题柱曰："不乘高车驷马，不过此桥。"可见汉朝的人就有了弄脏公共场所的习惯。又唐朝韦肇（或云张莒）初及第，偶于慈恩寺塔题名，后进慕效之，遂成故事。这故事就是后世所谓雁塔题名。司马相如和韦肇有一个共同点，就是羡慕富贵：一个是未富贵而先夸口，一个是初富贵而便忘形。说得好听些，这是雅人深致；若从坏里说，这简直是无聊，令人作三日呕。

　　题壁也许纯然为的是留一个纪念吧。"某年月日某人到此一游"，这简单的几个字未必就是想出风头。但是，为什么不写在你的日记册上呢？假如你有一个照相机，还可以把胜地拍一个照，然后记上你来游的年月日，何苦弄脏了公共场所？你这是为人呢，还是为己？若说是为人，人家根本不认识你这无名小卒，非但不能流芳千古，而且不足以遗臭万年；若说是为己，你何时重游还在不可知之数，甚至老死永不重游，你留几个文字又有什么用处？关于这个，往浅里说，你是像小学生用粉笔乱画墙壁，显得你没有好好地受过教育；往深里说，你是因为喜欢这个风景，恨不得据为己有，公家的地方是不出卖的，就是卖你也买不起，你怀着阿Q的念头把公家的地方加上了你私人的记号。至于人家是否因此感觉得煞风景，你可管不着。这完全象征出咱们中国人的一种有我无人的心理。

有些人不甘心于只题一个名，他们还要题诗。这自然更雅一等。"寻觅诗章在，思量岁月惊"，这是多么耐人寻味的风趣啊！可惜的是他们的诗多数是颇欠推敲，或者说是只敲而不推，因为他们吟诗有如擂鼓，"不通""不通"又"不通"！胜地何辜，受此污辱！他们太不自量了。他们并没有因为"李白题诗在上头"而搁笔，反倒是人人自比李杜，人人都要题诗在上头！未辨四声，遑论八病？既打油而有愧，亦赐果之弗如！只合矜夸荆室，床上吟诗；何须唐突山灵，墙头放屁！那些不喜欢文学的人，熟视无睹，倒也罢了，最苦的是那些对文学有兴趣的人，看见了字闭不了眼睛，总不免一看，看了之后，把水色山光所引起的满怀乐趣都糟蹋了！寄语现代的司马相如们和韦肇们，做做好事吧，莫再佛头着粪吧！

当然，其间偶然也有达官名士，不爱惜他们的墨宝，来给山水增光，甚至于不惜重金，特雇巧匠，摩崖刻石，做得非常精雅。这似乎是无可批评的了。名山佳作，相得益彰；有时候，竟使我们不知道是人以山传呢，还是山以人传。这样，我们感谢大手笔之不暇，还有什么可说的呢？但是，我总觉得题壁是中国文人的恶习。名人题壁，后人看见了也许发生仰慕之忱；然而在他本人却是未免自诩多才，令人有搔首弄姿之感。

"有麝自然香，何必当风立？"达官名士们在别的地方风头已经出够了，何必雁塔题名，才算是自鸣得意呢？再说，在立功立言之后，将来世家有纪，儒林有传，而金匮石室，又复永宝鸿文，自有人家捧场，更不必沾沾于炫露了。西施若不捧心，东施虽欲效颦亦苦无从效起。寄语达官名士们，你们如果不喜欢名山宝刹被尺二秀才乱涂乱画，你们就应该以身作则。

此外我还有一个建议，凡属公共游览的场所，一律严禁题壁。如有典型才子未能免俗，一定要出风头，必须将佳作先付审查，缴纳重税，然后规定式样，指定地点，特许摩刻。说不定还有名门闺秀，像旧小说中所说的，在壁上题诗唱和，因而恋爱结婚。这样，多捐两个钱给公家，也是值得的。

1944年8月6日昆明《中央日报》增刊

闲

　　中国的诗人，自古是爱闲的。"静扫空房惟独坐""日高窗下枕书眠"，这是闲居；"相与缘江拾明月""晚山秋树独徘徊"，这是闲游；"大瓢贮月归春瓮""飞盏遥闻豆蔻香""林间扫石安棋局""短裁孤竹理云韶"，这是闲消遣。如果他们忙起来，他们也要忙里偷闲；他们是"有愧野人能自在"，所以他们忙极的时候也要"闲寻鸥鸟暂忘机"。

　　但是，中国的俗谚却说："成人不自在，自在不成人"。凡是愿意兴家立业的人都不肯"游手好闲"。表面看来，这和诗人们的思想是矛盾的。诗人们的思想似乎是出世的，是仙佛的一派；而社会上的老成人却是入世的，是圣贤的一派。圣贤可学，仙佛不可学，所以我们不应该爱闲，因为爱闲就是好闲，好闲就非游手不可，而游手就有没有饭吃的危险。其实，这只是一种很粗的看法。如果闲得其道，非特无损，而且有益。我们可以说，常人不可以好闲，而圣贤却可以爱闲。

先说，一国的元首就应该闲。垂拱而治，是中国人所认为至治的世界。身当天下大任的人也应该闲，在军书旁午的时候，诸葛亮仍旧是纶巾羽扇，谢安仍旧是游墅围棋，这种闲情逸致才能养成他们那临事不惊的本领。爱闲和工作紧张是可以并行不悖的。唯有精神不紧张的人，工作紧张起来才有更大的效力；否则越忙越乱，越会把事情弄糟了的。

做地方官的人也应该有相当的闲暇。如果你不能闲，不是你毫无办事能力，就是你为刮地皮而忙。"日晚爱行深竹里，月明多上小楼头"，白乐天并没有因为爱闲而减少了民众的好感；"岂惟见惯沙鸥熟，已觉来多钓石温"，苏东坡并没有因为爱闲而妨碍了邑宰的去思。王禹偁诗里说："日长何计到黄昏，郡僻官闲昼掩门。"现在却是郡越僻而官越忙，因为天高皇帝远，正是刮地皮的好机会。天天嘴里嚷着："忙呀！忙呀！"天晓得他是否为苞苴而忙，为掊克而忙，抑或是为逢迎上司、应酬土豪劣绅而忙！

至于文人，就更不能忙，更不应该忙。《三都赋》十稔而成，并不是天天忙着写那赋，而是闲着在那里等候，灵感来时才写上一段。忙起来根本就没有灵感！非但八叉手不是忙，连

378

九回肠也不算是忙。当你聚精会神地去推敲一篇文章的时候，只像聚精会神地下一盘棋，是闲中取乐，不应该把它当作尘樊的束缚。如果你觉得是忙着做文章：那缪斯之神会即刻离开了你。但是，不幸得很，那些卖文为活的文人却不能不忙着做文章；尤其是在文价的指数和物价的指数相差十余倍的今日，更不能不搜索枯肠，努力多写几个字。在战前，我有一个朋友卖文还债，结果是因忙致病，因病身亡。在这抗战期间，更有不少文人因为"挤"文章而呕尽心血，忙到牺牲了睡眠，以至于牺牲了性命。忙死了也得不到代价，因为越忙越是粗制滥造，写不出好文章。不信请看我这一篇，我虽不是卖文为活，然而它也是在百忙中"挤"出来的。

"穷、忙"二字是有连带关系的。抗战以来，谋生困难，多少原来清闲的人变了极忙的人！事情多了几倍，我们都变了负山的蚊子；白昼的差事加上了夜间的职务，我们又都变了"为谁辛苦"的蜜蜂。回想当年，真是不胜今昔之感！古人说，不是闲人不知闲中之乐；现在我说，昔闲今忙的人更能了解闲中之乐。譬如巨富变了赤贫，回想当年的繁华，更悼念乐园的丧失。当年是"溪头尽日看红叶"，现在是"灶下终年做黑奴"；当年是"一部清商一壶酒"，现在是"一堆钞票一天粮"。当年我们尽有闲工夫读遍千部书，现在我们竟没有闲工夫吃完一碗饭！

　　本来，在这个大时代，我们有更大的希望在前头，自然应该牺牲了我们的闲暇。不过，悠游卒岁的人仍不在少数，这就形成了我们的不平。古人说"不患贫而患不均"，现在我们说"不患忙而患不均"。如果有法子处理那些不劳而获的钱财，使人人自食其力，我相信许多人都用不着像现在这样忙。

　　　　　　　　1944年4月9日昆明《中央日报》星期增刊

忙

"自嗟名利客，扰扰在人间；何事长淮水，东流亦不闲？"可见是人就非忙不可。不过忙的程度有深浅，而忙的种类也各有不同。打麻将打到天亮，也是忙之一种。现在我只想提出三种忙来说：第一是恋爱忙，第二是事业忙，第三是应酬忙。

青年时代除了读书之外，就是恋爱忙了。有许多青年，读书可以不忙，恋爱却不能不忙。为了恋爱，可以"发愤忘食"；为了恋爱，可以"三月不知肉味"；为了恋爱可以"下帷""目不窥园"；为了恋爱，可以"下笔不能自休""烛尽见跋"。至于戴月披星，栉风沐雨，为了爸爸妈妈所不肯忙之事，为了密斯则甘心忙了又忙，多多益善。恋爱的青年有闲中之忙，有忙中之闲。所谓闲中之忙，是因为游山玩水，步月赏花成为一种功课，一种手段，你闲也要你闲，你不闲也要你闲。这样的情形，我们可以叫作忙于装闲。所谓忙中之闲，却是因为火车站上立移时，芳踪竟杳；会客室中坐落日，香辇未归。此时大可倚杖看云，凭窗读画，然而热锅上的蚂蚁却没有闲心思去欣赏大自然和艺术。这样的情形，我们可以叫作欲忙不得。

到了中年，恋爱时代已过，却又该为事业而忙了。恋爱的忙，虽忙不苦；事业的忙，有时候既忙且苦。当然，以一身系天下安危的人，多忙一分，则民众多受一分的德泽；就是为自己而忙，只要忙得有意思，忙得有新花样，忙得顺利，也就高兴去忙。不过，世界上高兴忙的人实在太少了，苦忙的人也实在太多了。国文教员每晚抱着一大堆作文本子，呕尽心血去改正那些断头削足、冠履倒置的字，前言不搭后语、真真岂有此理的文；理发匠的剪刀簌簌，以单调的节奏，在千百人的头上兜圈子；开电车的每天依着一定的轨道，手摇脚踏，简直是一个活机器；银行里数钞票的整日价看那青蚨飞来飞去，并没有飞进自己的荷包。在外国，更有不少工人，一辈子只为某一种机器的某一部分的某一个针专做一个针孔。诸如此类，他们未必都觉得忙得有趣，只是为吃饭而忙。"成人不自在，自在不成人"，这也不过是忙人聊以自慰的话而已。

事业忙，对于爱情也大有影响。"无端嫁得金龟婿，辜负香衾事早期"，这是不满意那忙于做官的丈夫的话；"嫁得瞿塘贾，朝朝误妾期"，这是不满意那忙于做买卖的丈夫的话。博多里煦在他的剧本《恋爱的妇人》里，描写一位实业家的太太，因为丈夫忙于经营实业，没有闲工夫和她亲热，她也就另恋别人。武大郎忙于卖烧饼，潘金莲才更容易到西门庆的手里，因为西门庆完全合于王婆所提出的五个条件，其中的一个条件就是闲。寄语世间的忙丈夫们，无论如何总该忙里偷闲，陪着太太多逛两次西山，多看几场电影！

　　一个人到了三十五岁以后，非但事业忙，而且应酬也忙。也不一定是大富大贵，只要你有相当的地位，尤其是独当一面的事，就会有许多无谓的应酬。有些人就借这种无谓的应酬来摆阔，例如宴会迟到或早退，表示刚从另一宴会出来，或另有一个宴会在等候着他。听说有一种人根本就没有这许多宴会，不过因为要摆阔，在宴会吃个半饱就走，回到家里再陪着黄脸婆吃辣子和臭豆腐干。但是，真正应酬忙的人也实在不少；每天恨不得打两针吗啡来应付那些生张八和熟魏三！如果每一个人进门就是一声"无事不登三宝殿"，倒也罢了；所苦的是他们的废话一大堆，说了半个钟头还不曾入题！捐款和谋事的人最会兜圈子：从天气说到国际局势，从国际局势说到物价，从物价说到某商店价值二十五万元的一件女大衣被一个乡下女人买去了，某地方有一个洋车夫被乘客抢得精光。说得起劲的时候，也没有注意到主人屡次看表，也没有注意到另有几起客人在外厅等着。其实多兜圈子也不见得能多捐些钱或找着更好的事，何苦令主人忙上加忙？最滑稽的是既非捐款，又非谋事，经过半天的信口开河之后，主人忍不住了，问他的来意是什么，原来是久仰大名，特来致敬的！天哪！致敬何不来一个快邮代电，让主人一目十行之后就送进字纸篓里去？又何不遵照古礼，纳贽而后进门？总之，一个人得到了社会所知之后，似乎他的时间就应该被社会所糟蹋。这一种忙，忙得最苦，既不为食，又不为色，只为的是怕得罪人。我们家乡有一句俗话说："三十又忧名不出，四十又忧名不收。"古人入山唯恐不深，就是收名之一道；如果你"自嗟名利客，扰扰在人间"，随便怎样苦忙，也只算是自作自受了。

1943年9月19日《生活导报》第四十一期

蹓 跶

在街上随便走走，北平话叫作"蹓跶"。蹓跶和散步不同：散步常常是拣人少的地方走去，蹓跶却常常是拣人多的地方走去。蹓跶又和乡下人逛街不同；乡下人逛街是一只耳朵当先，一只耳朵殿后，两只眼睛带着千般神秘，下死劲地盯着商店的玻璃橱；城里人蹓跶只是悠游自得地信步而行，乘兴而往，兴尽则返。蹓跶虽然用脚，实际上为的是眼睛的享受。江浙人叫作"看野眼"，一个"野"字就够表示眼睛的自由，和意念上毫无粘着的样子。

蹓跶的第一个目的是看人。非但看熟人，而且看陌生的人；非但看异性，而且看同性。有一位太太对我说："休说你们男子在街上喜欢看那些太太小姐们，我们女子比你们更甚！"真的，世上没有一样东西，比一件心爱的服装，一双时款的皮鞋，或一头新兴的发鬟，更能在街上引起一个女子的注意了。甚至曼妙的身段，如塑的圆腓，也没有一样不是现代女郎欣赏的对象。中国旧小说里，以评头品足为市井无赖的邪僻行为，其实在阿波罗和缪斯所启示的纯洁美感之下，头不妨评，足不妨品，只要品评出于不语之语，或交换于知己朋友之间，我们看不出什么越轨的地方来。小的时候听见某先生发一个妙论，他说太阳该是阴性，因为她射出强烈的光来，令人不敢平视；月亮该是阳性，因为他任人注视，毫无掩饰。现在想起来，月亮仍该是阴性。因为美人正该如晴天明月，万目同瞻；不该像空谷幽兰，孤芳自赏。

　　蹓跶的第二个目的是看物。任凭你怎样富有，终有买不尽的东西。对着自己所喜欢的东西瞻仰一番，也就可饱眼福。古人说："过屠门而大嚼，虽不得肉，聊且快意"；现在我们说："入商场而凝视，虽不得货，聊且过瘾。"关于这个，似乎是先生们的瘾浅，太太小姐们的瘾深。北平东安市场里，常有大家闺秀的足迹。然而非但宝贵的东西不必多买，连便宜的东西也不必常买；有些东西只值得玩赏一会儿，如果整车地搬回家去，反倒腻了。话虽如此说，你得留神多带几个钱，提防一个"突击"。我们不能说每一次蹓跶都只是蹓跶而已；偶然某一件衣料给你太太付一股灵感，或者某一件古玩给你本人送一个秋波，你就不能不让你衣袋里的钞票搬家，并且在你的家庭账簿上，登记一笔意外的账目。

就我个人而论，蹓跶还有第三个目的，就是认路。我有一种很奇怪的脾气，每到一个城市，恨不得在三天内就把全市的街道都走遍，而且把街名及地点都记住了。不幸得很，我的记性太坏了，走过了三遍的街道也未必记得住。但是我喜欢闲逛，就借这闲逛的时间来认路。我喜欢从一条熟的道路出去蹓跶，然后从一条生的道路兜个圈子回家。因此我常常走错了路。然而我觉得走错了不要紧；每走错了一处，就多认识一个地方。我在某一个城市住了三个月之后，对于那城市的街道相当熟悉；住了三年之后，几乎够得上充当一个向导员。巴黎的五载居留，居然能使巴黎人承认我是一个"巴黎通"。天哪！他们哪里知道这是我五年努力蹓跶（按理，"努力"和"蹓跶"这两个词儿是不该发生关系的）的结果呢？

蹓跶是一件乐事；最好是有另一件乐事和它相连，令人乐上加乐，更为完满，这另一件乐事就是坐咖啡馆或茶楼。经过了一两个钟头的"无事忙"之后，应该有三五十分钟的小憩。在外国，街上蹓跶了一会儿，走进了一家咖啡馆，坐在Terrasse上，喝一杯咖啡，吃两个"新月"面包，听一曲爵士音乐，其乐胜于羽化而登仙。Terrasse是咖啡馆前面的临街雅座，我们小憩的时候仍旧可以"看野眼"，一举两得。中国许多地方没有这种咖啡馆，不过坐坐小茶馆也未尝不开心。这样消遣了一两个小时之后，包管你晚上睡得心安梦稳。

蹓跶自然是有闲阶级的玩意儿，然而像我们这些无闲的人，有时候也不妨忙里偷闲蹓跶蹓跶。因为我们不能让我们的精神终日紧张得像一面鼓！

1943年6月5日《生活导报》第廿八期

王力访谈录

为信诗情具别肠，
生平自戒弃词章。

我是怎样走上语言学的道路的

问：您是怎么开始研究语言学的？

答：我在年轻的时候，想当一个小说家。我7岁上学，老师给我们讲《三国演义》，讲到慷慨激昂的时候，拍起桌子来，给我留下深刻的印象，从此我就爱看小说。当时看的是章回小说，记得看过的是《水浒传》《西游记》《飞龙传》《薛仁贵征东》《平山冷燕》等十多部小说。常常在月光底下看。我的眼睛就是这样近视了的。我打算自己写一部小说，主人公的名字都拟定了，名叫王鸾珠。后来这部小说没有写出来，只是26岁时写了一篇短篇小说投登在《小说世界》上。

我在什么情况下开始研究语言学的呢？

我20岁时当小学教师，看见我父亲的书架上有一本周善培的《虚字使用法》，很感兴趣，就拿来稍为改编，加上自己的意思，教给学生（当时我的学生有比我年龄大的），这可以说是我研究语言学的开始。但是，真正走上语言学的道路，则是受了赵元任先生的影响。我26岁那年的秋季，考上了清华大学研究院国学系。赵元任先生给我们讲"中国音韵学"，我深感兴趣。这个兴趣比看了周善培《虚字使用法》所感的兴趣大多了。因为赵先生所讲的"中国音韵学"是历史比较法在汉语史上的应用，和清代音韵学家所讲的大不相同。我在清华研究院的毕业论文是《中国古文法》。这篇论文是梁启超先生指导的，但是我又请赵先生审阅。赵先生写的一些眉批我至今珍贵地保存着，这上头都是语言学的大道理。我在清华大学研究院毕业后，就去法国巴黎大学专攻语言学。

问：什么是语言学？语言学是不是枯燥无味？

答：语言学是研究语言的科学，它把语言作为科学研究的对象，但是语言学并不等于语言。语言学家是要学习多种语言的，但他们学习本国语言和外语只是手段，不是目的。目的是对语言现象进行科学的研究，取得科研成果。更准确地说，语言学是研究语言的本质、结构和发展规律的科学。语言学的主要分科是普通语言学、语音学、实验语音学、音韵学、语法学、语义学、词汇学、方言学、历史比较法、比较语言学、描写语言学、语言史，等等。现代还有新的语言学派，如社会语言学、数理语言学等。所以有人说，语言学是社会科学和自然科学之间的边缘科学。

语言学是不是枯燥无味的？如果拿文学来比较，语言学的确是枯燥无味了。但是，语言是科学，文学是艺术，是不好拿来比较的，我爱好文学艺术，但是我更爱科学，这就说明了我为什么从文学转到语言学的道路上来。从科学的角度看，我自己觉得语言学比自然科学更有趣。因为语言是社会交际工具，我们天天用得着它。把它研究好了，就能对文化做出贡献。我们天天说话，但是对于许多语言现象习而不察，讲不出一个道理来，一旦从科学研究中获得解决，此中的乐趣，不是一般的人们所能体会到的。我和语言学结了五十多年的不解缘，绝不是愁眉苦脸过日子的。